전병근

디지털 시대 휴머니티의 운명에 관심이 많은 지식 큐레이터.
'북클럽 오리진'을 운영하고 있다. 지은 책으로는 『지식의
표정』, 『궁극의 인문학』, 『요즘 무슨 책 읽으세요』, 『대만의
디지털 민주주의와 오드리 탕』이, 옮긴 책으로는 『다시, 어떻게
읽을 것인가』, 『다시, 책으로』, 『선물』, 『죽음의 청기사』,
『21세기를 위한 21가지 제언』, 『사피엔스의 미래』, 『신이 되려는
기술』 등이 있다.

읽지 못하는

사람의 미래

읽지
못하는

사람의
미래

주의 침탈의 시대를 돌파하는

돌봄의 읽기를 위하여

전병근 지음

‘돌봄의 읽기’를 처음 가르쳐 주신

어머니를 기억하며

들어가는 말

인공지능 시대에 왜
'굳이' 책을 읽어야 할까

E. M. 포스터의 소설 「기계 멈추다」The Machine Stops는 인간이 많은 것을 점점 기계에 의존한 끝에 이르게 되는 디스토피아를 그린다. 여기서 '기계'는 모든 사람의 모든 필요를 알아서 충족시키는, 요즘 식으로 말하면 범용 AI 시스템이다. 한 세기 전인 1909년에 발표된 이 짤막한 소설에는 놀랍게도 지금 우리가 사용하는 인터넷이며 이메일, 화상회의시스템, 태블릿PC 같은 게 모두 등장한다. 뿐만 아니라 온라인에서 이루어지는 대중 강의

며, 사람들의 대면 접촉 기피 같은 현상까지 예언처럼 그려져 있다. 소설 속 주인공은 자신이 처한 현실을 압축해서 이렇게 묘사한다. "'기계'는 우리를 먹여 주고 재워 주고 입혀 줍니다. 그것을 통해 우리는 서로에게 말을 걸고, 서로를 만나고, 존재감을 갖지요."

인공지능 분야의 석학인 UC버클리대학 스튜어트 러셀 교수는 2021년 BBC 리스 강연에서 이 소설을 인용했다. 강연의 주제는 'AI와 살아가기'였다. 4회에 걸친 강연에서 그가 많은 시간을 할애해 심각한 우려를 표명한 것은 AI 기술에 대한 인간의 제어력 문제였다. 그는 앞으로 머신러닝을 통해 위력을 더해 갈 AI가 미칠 현실적인 위험은 '초지능'이나 '의식'의 출현보다 가공할 실행 능력에 있다고 봤다. 주어진 임무나 목표가 무엇이든 달성하고야 마는 능력이 너무나 강력할 것이기에 오히려 사용자인 인간이 의도하지 않았거나 미처 예상하지 못한 위험을 초래할 수 있다는 것이다.

사실 인공지능의 위력이 인간의 통제력을 벗어날 위험성에 대해서는 일찍부터 경고음이 울려 왔다. 오늘날 컴퓨터과학의 아버지이자 인공지능을 처음 개념화한 인물로 평가받는 앨런 튜링도 1951년 강연에서 "사고하는 기계가 일단 작동되면 인간의 미약한 능력을 앞지르는 데 그리 오래 걸리지 않을 것이다. (……) 따라서 어느 단계에 이르면 기계를 통제해야만 한다"라고 말했다. 인공두뇌학이라고도 불리는 사이버네틱스의 창안자인 노버트 위너 역시 기념비적인 저서 『인간의 인간적 활용』에서 이미 "(사람들이) 기계 관리자machine a gouverner에게 의존하는 위협적인 신파시즘"을 경고한 바 있다.

「기계 멈추다」에 그려진 미래 사회에서 인간은 일상의 거의 모든 것을 기계에 의존하지만 정작 그 기계가 어떻게 작동하는지는 모른다. 그저 어려움에 처할 때마다 ("신이시여, 신이시여"가 아니라) "기계여, 기계여"라고 외칠 뿐이다. 포스터는 이 미래 사회를 이렇게 진단한다. "해가 갈수록 기계의 효율성은 높아졌고 인간의 지능은 저하되었다. 인간은 기계에 대한 자신의 의무를 더 잘 알게 될수록 이웃들의 의무에 대해서는 점점 더 모르게 되었고, 세상에서 기계 전체를 이해하는 사람은 아무도 없었다. 그런 대가급의 두뇌는 모두 죽었다. 물론 자세한 지시 사항을 남겨 놓긴 했지만 그 후계자들은 지시 사항의 부분만을 습득했다. 게다가 인간은 한없는 안락함을 추구한 나머지 도를 넘어서고 말았다. 또 자연의 풍부한 자원을 착취했다. 인간은 자기도 모르게 서서히 쇠락하기 시작했고, 이제 진보는 곧 '기계'의 진보를 의미하게 되었다."

러셀은 이 소설에서 두 가지 교훈을 끌어낸다. 하나는 우리가 문명의 경영을 기계에 넘겨줌으로써 우리 스스로 경영하는 능력을 잃을 위험이 있다는 것 그리고 나아가 다음 세대는 그런 능력을 배울 동기마저 잃을 수 있다는 것이다. 오랫동안 세대 간 학습을 전달하며 지금의 문명을 이룬 인류가 학습의 필요성을 느끼지 못한다면 무슨 일이 일어날까? 그보다 더 중대한 두 번째 교훈은 기계에 의존한 대가로 인간 개개인은 삶에 대한 자율성을 잃을 수 있다는 경고다. 그는 강연 끝에서 힘주어 말한다. "자율성은 인간의 근본적인 가치입니다. 아무리 AI가 선의로 만들어진 기술이라 해도 사용하는 대가로 우리의 자율성을 내준다면 최선의 미래를 보장할 수 없습니다. 인류가 자유의지라는 필수 불가결한 환상을 가지고 계속 살아가려면 우리가 어떻게 행동할지 예측하는 기술을 사용하는 일을 금지해야 할지도 모릅니다."

일상 속 주의 침탈

AI 통제 시스템의 확보는 러셀 같은 이 분야 전문가뿐만 아니라 인류 모두가 함께 협력해 만전을 기해야 할 중대 과제임에 틀림없다. 그러나 그것과 병행해야 할 혹은 더 앞서 해결해야 할 현실적 문제는 일반 시민이 일상 곳곳에서 부지불식간에 기계에 대한 통제력을 잃어 가고 있다는 것이다. 이미 인공지능은 여러 테크 기업이 경쟁적으로 내놓는 다양한 상품과 서비스를 통해 우리 삶에 깊숙이 개입하기 시작했다. 그런 기업의 우선적인 관심사는 인간을 감각적인 욕구에 민첩하게 반응하는 수동적인 소비자로 길들이는 것이다.

여기에는 '주의 침탈'이라는 문제가 자리 잡고 있다. 1978년 의사결정 모델 이론으로 노벨경제학상을 받은 허버트 사이먼은 과거에는 정보가 희소 자원이었다면, 정보가 넘쳐나는 오늘날에는 역으로 인간의 주의가 희소 자원이 되었다고 말했다. 때문에 테크 기업은 사람들의 주의를 뺏고, 계속 잡아 두기 위한 경쟁에 사활을 건다. 구글 전략가로 일하다 기업의 수익 창출 방향에 환멸을 느껴 퇴사하고 옥스퍼드대학에서 기술철학을 연구한 제임스 윌리엄스는 저서 『나의 빛을 가리지 말라』에서 테크 기업의 이런 내막을 소상히 폭로한다. 오늘날 세계 최고의 소프트웨어 엔지니어와 설계자, 분석가, 통계학자 들이 벌이는 주의 포획의 차원은 일반인의 상상을 초월한다. 우리의 일상은 점점 더 작고, 빠르고, 흔하고, 지능적이고, 매력적인 각종 스마트기기에 의해 중재되고 안내되며 '디지털 주의 경제'로 진입한다. 편리하고 똑똑한 AI 비서가 구현될수록 인공지능 시스템의 논리와 가치는 점점 우리 인식의 자동화 층에 진입해 우리는 그 사실을 인식조차 못하기에 이른다.

　　이 결과는 개인과 공동체 모두에게 치명적이다. 주의 상실은 자유의지의 침식으로 귀결된다. 주의는 인간 삶의 모든 단계에 걸쳐 목표와 가치를 설정하고 지향하게 해 주는 근본 역량이기 때문이다. 개개인의 주의가 약화되는 것은 공동체의 신경망이 손상되는 것과 같다. 주의 분산은 집단적 차원의 정체성까지 사분오열 갈라놓는다. 이는 집단적 아크라시아akrasia*로 이어질 수 있다. 중국 인류학자 샹바오는 정보기술에 의해 급변하는 현대사회의 위험한 특징을 '주변의 상실'에서 찾는다. 개인은 자기 자신(의 이익과 관심사)에게 과몰입하고 국가나 세계 차원의 대형 사건에 대해 거창한 논평만

내놓을 뿐, 정작 자기 주변은 제대로 돌아보지 않는다는 이야기다. 그 배경에는 모든 중간 '마찰'을 장애물로 보는 플랫폼 경제가 있다. 사람들은 손에 쥔 스마트폰에 탑재된 소셜미디어나 각종 앱으로 다른 이들과 쉽게 연결된다. 이 과정에서 자기 부근의 여러 층위에 있는 감각을 잃고 만다. 신체로 직접 감지할 수 있었던 물리적 '주변'이 데이터화된 '주변'으로 바뀐 결과다.

공간 감각만이 아니다. 시간 감각도 바뀌었다. 이제 사람들은 5분도 채 기다리지 못한다. 어디서나 즉각성을 요구한다. 시간은 우리의 자연적인 신체 리듬과 분리되어 작동하는 디지털 숫자로 추상화되었다. 사람들이 원하는 것은 '지금, 바로, 스크린 안의 것'이다. 여기에는 응당 시간이 걸릴 수밖에 없는, 상호 신뢰가 쌓일 만한 관계는 자리 잡지 못한다. 즉각적인 일회성 거래(대개는 소비)만 가능할 뿐이다. 사람들은 이제 서로 '예의 바른 무관심'을 유지하며, 자동화된 시스템만을 진심으로 신뢰한다. 이 흐름에 장애가 일어날 때 문득문득 화산처럼 분노와 증오를 발산하면서.

「기계 멈추다」속 미래 사회는 기계와 그에 의존하던 사람들의 공멸로 끝이 난다. 주인공은 이렇게 절규한다. "기계는 우리의 공간 감각과 촉각을 빼앗아 갔고, 모든 인간관계를 흐리멍덩하게 만들었으며, 사랑을 육체 행위로 격하시켰어요. 우리의 신체와 의지를 마비시켰고, 이제 우리가 그것을 숭배하도록 강요하고 있어요. 기계는 발달했지만 우리가 원하는 방향으로 발달한 것은 아니에요. 우리는 기계의 동맥 속을 흐르는 혈구로만 존재할 뿐이에요." 우리가 기대해 마지않는 인류 진보의 미래상이 이런 것일까.

'좋은 삶'을 생각하다

2400년 전 아리스토텔레스는 좋은 삶이 무엇인지 논하며, 삶의 방식을 세 가지로 나눴다. 즐거움(쾌락)을 좇는 삶, 시민적 활동(정치적 실천)을 추구하는 삶, 관조하는(철학적) 삶. 그중 인간의 철학적 사고 능력을 '신적인 것'이라 보며 그 능력을 발휘하는 관조하는 삶이 가장 좋은 삶이라고 했다. 관조란 거리를 두고 바라보며 생각에 잠기는 것을 말한다. 그 신적인 활동 속에서만 공적인 명예도 사적인 쾌락도 적절히 균형 있게 제자리를 찾을 수 있고 인간으로서 최선의 행복을 누릴 수 있다고 봤다.

　지금 우리는 어떤가. 각종 매체에서 화면 가득 경쟁적으로 보여 주듯 모든 것이 감각적 쾌락과 즐거움으로 수렴된다. 그사이 우리는 부지불식간에 선택과 결정의 권위를 기계에 넘겨주기 시작했다. 인지과학과 철학을 함께 연구한 대니얼 데닛에 따르면 진짜 위험은 기계가 정말 똑똑해져 우리 운명의 선장으로 등극하는 게 아니라, 우리 스스로 기계에 과잉 의존하고 지력을 방기해 기계에 합당하지 않은 권위를 섣부르게 넘겨주는 것이다. 지금도 인공지능은 빅데이터를 토대로 학습 속도를 높여 가는데 인간은 주체적 사고의 의지와 동기를 잃고 순간의 확실한 즐거움만 앞다퉈 효율적으로 추구한다. 니체가 말한 '마지막 인간', 아무것도 시도하지 않는 수동적 인간이 요즘 우리의 모습이다.

　아리스토텔레스의 강의록 『니코마코스 윤리학』의 마지막 장에 이런 대목이 나온다. "인간에게는 지성에 걸맞은 삶이 최선이자 가장 즐거운 삶이다. 지성이야말로 다른 어떤 것보다도 인간적이기 때문이다." 인간만의 특기이자 특권인 지혜를 추구하는 것, 매사에 스스로 생각하는 힘을 발휘하는 것이 가장 행복한 삶을 누리는 비결이라는 얘기다. 지금 나날이 속도를 더해 가는 기계 발전에 대한 우리의 통제력도, 삶의 주도권도 잃지 않는 길이기도 할 것이다.

이 책을 쓰기 시작한 것은 2023년 5월이었다. 2022년 말 미국의 오픈AI가 대규모의 문서를 학습해 스스로 문장을 생성할 수 있는 인공지능 챗GPT를 공개한 후 성능이 나날이 좋아지면서, 교육계와 출판·독서계의 우려가 고조되던 시기였다. 기계가 인간 못지않은 수준으로 글을 '읽고' '쓰기'까지 한다면 우리의 읽기와 쓰기의 미래는 어떻게 될 것인가. 그렇지 않아도 위태롭기만 하던 문해력에 대한 의구심까지 새로운 차원에서 고개 들기 시작했다. 6000년 전 문자 발명 이후 15세기 인쇄 혁명 이후에야 유럽에서부터 불붙기 시작했던 독서 문화는 이제 긴 인류 문명사에서 얼마간 이어지다 이내 사그라든 '특이 현상'으로만 남게 될까?

전례 없는 위기에 직면한 듯 보이는 읽기를 나는 이 책에서 인류 역사의 긴 맥락에서, 그리고 인간 특유의 문화적 진화의 깊은 차원에서 재검토해 보려 한다. 읽기가 고대 사회의 회계와 행정 기록의 도구에서 시작해 깊은 생각과 성찰의 발판으로 자리하기까지 어떻게 인류의 지적 도약과 도덕적 성숙에 영향을 미쳤는지, 이제 인공지능 시대를 맞아 어떤 형편에 놓였는지, 그리고 지금 우리에게 어떤 의미를 갖는지 이야기하려 한다. 인공지능 시대에 책을 굳이 왜 읽어야 하나. 이 책은 그 질문에 대한 답변이며, 열두 장章이라는 우회로를 경유한 여정의 종착지는 '돌봄의 읽기'다. 돌봄의 읽기란 짜임새 있는 긴 글, 바로 책 읽기를 통해 돌보는 눈을 기르는 것을 말한다. 정보의 수동적 소비가 아니라 자신의 주의력을 능동적으로 행사함으로써 이기적 자아의 근시안을 벗어나 타자와 세계를 호기심과 애정의 눈으로 둘러보고 돌아보고 살펴보는 것이다.

플라톤의 『대화편』에서 소크라테스는 우리가 평생에 걸쳐 '자기 돌봄'에 힘써야 한다고 반복해서 강조한다. 이를 두고 고대 철학의 대가 피에르 아도는 소크라테스가 사람들과 대화할 때마다 상대가 자기 자신을 살피도록, 자신에 대한 의식을 갖도록 이끈 것이라고 설명했다. 그러니까 이 책은 '왜 읽어야 하는가'라는 물음에 대한 소크라테스식 대화로의 초대다.

들어가는 말

1부

2부

나오는 말

1부

1 인간은 기술과 더불어 인간의 길을 걷기 시작했다

인간으로서 우리는 각자 인간성을 돌볼
책임이 있습니다.
— 달라이 라마

쿠라 이야기

약 2000년 전 고대 로마에 가이우스 율리우스 히기누스라는 박식한 문법학자가 있었다. 그는 당대를 대표하는 팔라틴 도서관의 책임자이기도 했다. 옥타비아누스라고도 불리는 아우구스투스는 로마 황제로서는 최초로 도서관을 짓기 시작해 모두 두 곳을 지었는데, 첫 번째가 팔라틴 도서관이었다. 기원전 36년부터 아폴로 신전에 짓기 시작해 8년이 걸려서야 완공된 이 도서관의 두 번째 관장이 히기누스였다. 그는 스페인 혹은 알렉산드리아에서 노예나 전쟁 포로로 로마에 잡혀 왔다가 아우구스투스에 의해 자유 시민의 신분을 얻었을 것으로 추정된다. 당시 로마는 그리스어나 라틴어 문헌을 잘 아는 지식인을 전쟁 포로로 데려오곤 했다. 히기누스는 로마 제국 최고의 도서관 수장답게 방대한 양의 책을 쓴 저자이기도 했다. 하지만 대부분 소실되어 현재 전해지는 것은 두 편뿐이다. 하나는 『이야기』Fabulae이고, 다른 하나는 『시적 천문학』Poetical Astronomy이다. 『이야기』는 약 300편의 짤막한 신화 이야기로 구성돼 있다. 문체가 워낙 평이해서 어떤 학자들은 히기누스의 원작이 아니라 위작이거나 누군가 축약한 것이라고 보기도 한다. 작품의 진위 여부를 떠나 이 문헌이 두고두고 관심을 끈 이유는 수록된 이야기들이 당시 교육받은 로마인이 알아야 할 그리스신화의 초기 형태를 보여 준다고 여겨졌기 때문이다. 인류사에서 가장 오래된 이야기 형식인 신화는 고대 사람들의 정신세계를 반영한다. 신화학자 조지프 캠벨은 "신화는 사실을 가리키지는 않지만, 사실 너머 사실을 알려 주는 무언가를 가리킨다"고 말했다.

히기누스가 수집한 갖가지 고대 로마신화 중에 쿠

라Cura 여신 이야기가 있다. 여기에 인류의 기원에 관한 설명이 나온다. 줄거리는 이렇다. 어느 날 쿠라는 강을 건너다가 진흙을 보고 그것으로 조심스레 어떤 형상을 빚기 시작했다. 쿠라가 자신이 만든 것을 보며 생각에 잠겨 있는데, 유피테르*가 나타났다. 쿠라는 신들의 왕인 그에게 자신이 빚은 작품에 생명(혼)을 불어넣어 달라고 청했다. 유피테르는 쿠라의 청을 기꺼이 들어주었다. 하지만 쿠라가 생명을 얻은 작품에 자신의 이름을 붙여 주려 하자 유피테르가 고개를 저으며 자신의 이름을 붙여야 한다고 주장했다. 둘이 옥신각신하는데, 이번엔 대지의 여신 텔루스가 벌떡 일어나 끼어들었다. 그 형상은 자기 몸의 일부로 만든 것이니 자신의 이름을 붙여야 마땅하다고 주장하면서. 결국 셋은 시간의 신 사투르누스를 판관으로 불러 분쟁을 해결해 달라고 청했다. 사투르누스가 내놓은 중재안은 이러했다. "유피테르, 당신은 피조물에게 혼을 주었으니 그가 죽은 후 혼을 가져가시오. 텔루스는 몸을 주었으니 죽은 후 그 몸을 돌려받으시오. 그리고 쿠라는 맨 처음 그 형상을 빚었으니 살아 있는 동안 그것을 가지시오. 다툼거리가 된 그 형상은 후무스Humus**로 만들어졌으니 이름은 호모homo라고 합시

---

* 그리스신화의 제우스에 해당하는 로마신화의 최고 신.
** '흙'이라는 뜻의 라틴어.

다." 어떤가. 꽤 그럴듯한 판결 아닌가.

여신의 이름인 '쿠라'라는 단어는 라틴어 사전을 찾아보면 근심, 걱정, 불안, 염려라는 뜻을 담고 있다. 이는 인간의 본질과 존재 조건이 무엇인지에 대한 당대 사람들의 인식을 반영한다고 볼 수 있다. 히기누스가 신화를 수집할 당시 로마에는 스토아철학이 유행했다. 스토아철학은 세상 풍파에 흔들리지 않는 마음의 평정을 특히 강조했다. 대표적인 스토아철학자인 철인 황제 마르쿠스 아우렐리우스의 『명상록』을 보면 이들의 내면 풍경을 엿볼 수 있다. 가령 이런 대목. "네게 일어나는 모든 일은 너의 본성과 부합해서 감당할 수 있거나 부합하지 않아서 감당할 수 없거나 둘 중 하나다. 전자인 경우에는 당연히 불평하지 말고 그것을 감당해야 한다. 하지만 후자인 경우에도 불평하지 말라. 그 일로 인해 너는 사멸하겠지만 그 일 자체도 사멸할 테니까."

쿠라 이야기에서 인간이라는 피조물이 살아 있는 동안은 쿠라 여신의 것이라는 말은, 인간은 죽기 전까지는 평생 근심과 걱정에서 벗어날 수 없는 운명이란 뜻이다. 철학자 하이데거는 그의 주저 『존재와 시간』에서 인간 존재의 근원적 특징을 '심려'sorge로 풀이하는 전거

가운데 하나로 이 쿠라 이야기를 제시한다.

　　라틴어 쿠라에는 근심과 염려 외에 돌봄care과 보살핌, 주의attention와 호기심curiosity이라는 뜻도 있다. 이 단어들을 찬찬히 살펴보면 모두 일맥상통한다는 것을 알 수 있다. 하나같이 '마음 씀'take care이라는 인간 행위의 다양한 변주인 것이다. 철학자 해리 G. 프랭크퍼트는 『사랑의 이유』에서 이러한 '마음 씀'을 인간 심리의 기본 구조라고 분석한 바 있다. 그는 "'마음 씀'은 우리를 자신에게 연결하고 묶어 주는 활동으로서 불가결하게 기본적이다. 이것으로 인해 우리는 자신에게 의지적인 지속성을 제공하고, 또 그런 방식으로 우리 자신의 행위를 구성하고 참여한다. 우리가 마음 쓰는 다양한 사물이 얼마나 적절하고 부적절한지를 떠나, 어떤 것에 마음 쓰는 일은 우리 인간 종의 생물에게 본질적이다"라고 했다. 프랭크퍼트에 따르면 이런 '마음 씀'은 인간의 마음이 '반사적'reflexive이라는 사실과 관련 있다. '반사적'이라는 말은 자신을 거울에 비춰 보듯 대상화할 줄 안다는 뜻이다.

　　인간은 태어나면서부터 하나의 생명체로서 주변 환경과 타자 그리고 자신에게 주의와 관심을 기울인다. 왜

냐하면 무엇보다 자신의 생존과 안녕, 번영이 걸려 있기 때문이다. 또한 원초적 주의는 생존의 필요를 넘어 대상 자체에 대한 지적 호기심으로 발전하기도 하고, 주변 사물이나 사람에 대한 관심 혹은 배려로 나아가거나, 보다 적극적인 돌봄이라는 행동으로 연결되기도 한다. 그런 의미에서 '마음 씀'의 출발점이자 변함없는 토대는 주의라고 할 수 있다.

'자신을 돌보라'

문제는 그토록 중요한 삶의 토대인 주의를 기울이고 돌보는 일에 오늘날 많은 사람이 실패하는 것처럼 보인다는 사실이다. 이른바 주의 경제attention economy 시대로 넘어가면서 사람들의 주의는 다양한 주체가 노리는 손쉬운 사냥감이 되고 말았다. 사람들의 주의는 자신도 모르게 플랫폼 기업을 거쳐 광고주에게 넘어 가는 데이터 상품이 되거나 특정한 정치적 목적을 가진 세력의 공략 대상이 된 것이다. 최근에는 『도둑맞은 집중력』이라는 책이 많은 사람의 관심을 끌기도 했다. 우리를 둘러싼 미디어 환경이 급변하면서 저마다 주의를 기울이는 힘인 집중력focus을 잃게 되었다는 뜻이다. 하지만 실상을 말하자면 우리는 집중력을 '도둑맞은' 게 아니라 자진해서 내준 것이다. 각자 손안에 주의 뺏기의 첨병인 스마트폰을, 그것도 비싼 값에 자진해서 들여놓았고, 그 결과 트로이 성이 함락되듯 속수무책으로 시선과 정신을 내주게 된 것이다. 그래서 나는 스마트폰을 디지털 시대의 트로이 목마라고 부르곤 한다. 오늘날 거의 모든 사람에게 신체의 일부가 되다시피 한 스마트폰은 처음엔 사람들 간의 소통을 쉽고 편리하게 확장하는 듯싶었지만 어느 때부턴가 뚜렷한 역효과를 내기 시작했다. 소통과 대화가 실시간으로 끊임없이 이루어지는 것 같지만 그 내용과 깊이는 갈수록 경소단박輕小短薄해졌다. 범위를 넓혀 가는 온라인 공론장은 협력적 소통보다 분노와 조롱과 혐오, 파괴적 대결의 장으로 바뀌고 있다. 첨단 기술 덕분에 우리는 이루 헤아릴 수 없이 많은 것을 누리게 되었지만, 결정적으로 중요한 한 가지를 대가로 내주고 말았다. 바로 의미 있는 삶의 기반인 주의력이다.

나는 최근에 캐나다 다큐멘터리 감독이자 작가인 애스트라 테일러가 출간한 『불안의 시대』The Age of Insecurity를 읽고 쿠라 신화에 다시 주목하게 되었다. 테일러는 쿠라 신화를 인간의 실존적 조건인 근심과 함께 현대 경쟁 사회가 구조적으로 만들어 내는 불안의 문제와 연결시킨다. 그는 지금 시대의 특징을 인간의 태생적 숙명인 실존적 불안을 넘어 사회경제 시스템에서 비롯한 '인공적 불안'이라고 규정했다. 그리고 이런 상황에서 각자 자신만의 안전을 우선하는 경쟁과 고립의 심화로 내달릴지, 아니면 방향을 바꿔 서로에게 도움의 손길을 내미는 상호 배려와 돌봄으로 나아갈지, 인류는 지금 중대한 집단적 선택의 갈림길에 직면해 있다고 진단했다.

자기 돌봄 개념은 오래전부터 전해져 내려온 동서양 현자들의 가르침에서 핵심을 이룬다. 서양 고대 철학을 깊이 연구한 피에르 아도는 고전 시대의 철학자들이 추구했던 삶의 방식이 바로 자기 돌봄으로서 지혜의 추구, 즉 철학이었다고 해석한다. 플라톤의 『대화편』에서 소크라테스는 철학을 '자기 영혼을 돌보는 일'이라고 했다. 자신에게 유죄 평결에 이어 사형 판결이 내려질 법정에서 그는 마지막 변론으로 아테네 시민들을 향해 자신의 영혼을 돌보라고 호소했다. "여러분은 지혜와 힘에서 가장 위대하고 명성이 높은 국가인 아테네 사람이면서 돈을 최대한 많이 버는 일이나 명성과 명예에는 마음을 쓰면서도 현명함과 진실 그리고 영혼을 최대한 훌륭하게 가꾸는 일은 돌보지도 마음을 쓰지도 않는다는 게 수치스럽지 않습니까?"

미셸 푸코가 말년에 고대 철학을 다시 독해하며 주목한 것도 자기 돌봄이었다. 그는 잊힌 고대 삶의 차원, 즉 자기 돌봄의 차원을 현대인의 삶에 다시 불러들이고자 했다. 유명한 델피의 경구 '너 자신을 알라'epimeleisthai sautou를 그는 '자신을 돌보라'는 뜻으로 해석했다.

나는 이 책에서 이러한 자기 돌봄의 특별한 기술 중 하나가 바로 읽기와 쓰기라고 주장할 것이다. 책을 쓰게 된 이유가 바로 이런 돌봄의 감각과 능력을 우리가 급속히 잃어 가는 것처럼 보이기 때문이다. 어떤 이는 의아하게 생각할지도 모른다. 지금 같은 초개인주의, 각자도생의 시대에 자기 돌봄의 감각과 능력을 잃어 간다니 무슨 말인가. 하지만 여기서 말하는 자기 돌봄이란 그저 자기 이익을 빈틈없이 효율적으로 추구하는 것과는 다르다.

자기 돌봄은 필연적으로 타자와 세계에 대한 돌봄을 통해서만 이뤄질 수 있다. 돌봄은 인간의 근본적인 취약성과 상호의존성 때문에 우리에게 요구되는 것으로,

자신에게만 집중되거나 머물러선 불완전할 수밖에 없고 반드시 자기 밖으로 확장되어야만 한다. 개체로만 보면 취약하기 짝이 없는 인류가 끝내 생존과 번영에 성공한 것은 '서로 돌봄'의 방식을 삶의 전략으로 택했기 때문이라는 것이 오늘날 인류학을 비롯한 여러 학문 분야에서 공통적으로 내리는 결론이다.

소크라테스를 비롯해 옛 현인들이 말했던 자기 돌봄도 통합적인 자아, 총체적인 삶의 주체로서 자신에 대한 돌봄을 뜻했다. 통합적인 자아란 본질적으로 사회적 자아이며 다른 사람, 나아가 사물 혹은 자연과의 관계 속에 있는 자아다. 따라서 여기서 말하는 돌봄이란 자기뿐만 아니라 자신의 주변, 즉 타자와 자연, 세계를 둘러보고 살펴 돌본다는 뜻을 담고 있다. 이것은 공간적 지평에서의 돌봄일 뿐만 아니라, 자신과 자신이 속한 공동체의 과거를 되돌아본다는 뜻에서 시간적 지평의 의미도 아우른다.

그에 반해 오늘날 초개인을 넘어, 누군가가 마치 시대의 흐름을 더 촉진하듯 만들어 낸 신조어 '핵개인'은 그런 사회적 생태적 관계성을 잃어 가는 자아다. 초원자화된 자아다. 나는 이것이 본래의 건강한 자아가 아닌 위축되고 빈곤한 자아, 왜곡된 자아, 왜소해진 자아라고 생각한다. 자아가 이토록 왜소해지고 빈곤해진 건 기술에 의한 환경 변화 탓이다. 자동화는 겉보기에 쉽고 빠르고 편리해서 무척이나 행복한 삶을 약속하는 듯하지만, 다른 한편으로 그 길은 서서히 기술 의존도를 높여 간 끝에 자칫하면 삶의 주체성마저 통째로 넘겨주는 예속의 길이 될 수 있다. 나는 2018년에 번역 출간한 『신이 되려는 기술』에서 그 단계적인 과정을 상세히 소개한 바 있다. 플라톤이 이야기한 것처럼 기술은 파르마콘, 즉 약이면서 독이다.

기술과 더불어 걷는 인간의 길

기술이 우리에게 해로운 독이 아니라 이로운 약이 되려면 어찌해야 할까? 디지털 기술 시대의 사회와 인간의 변화를 일찍부터 살펴 온 사회학자 셰리 터클은 "기술은 하인으로는 대단하지만 주인이 되면 끔찍하다"고 썼다. 기술이 우리의 주인 노릇을 할 때 우리의 시간은 진정한 자유와 멀어지고, 사람들 간의 연결은 깊이를 잃고, 스스로 배우고 익히는 능력은 뒷걸음친다. 하지만 기술을 적절히 활용할 수만 있다면 우리는 시간을 좀 더 자유롭게 쓰고, 연결에 깊이를 더하고, 우리의 배움을 확장할 수 있다.

작가 맬컴 글래드웰은 『다윗과 골리앗』에서 천하무적인 장수와 겁 없는 목동의 대결을 눈앞의 장면처럼 생생하게 재구성해 보인다. 알다시피 이 대결에서 2미터가 넘는 거인 골리앗은 그보다 턱없이 작은 소년 다윗에게 어이없이 패하고 만다. 다윗이 가진 비장의 무기는 돌팔매질이었지만, 정작 거구의 적장은 바로 자신의 큰 칼에 목이 베여 죽었다. 오늘날 기술과 인간의 관계도 그런 점에서 비대칭이다. 기술은 발명자인 인간보다 훨씬 더 강력한 위력을 행사한다. 인공지능은 데이터를 빨아들이면서 인간을 인간보다 더 잘 알아 가고 있다. 이렇게 누적된 정보와 가공된 지식이 다시 인간을 유도하고 조작하는 힘으로 전용轉用된다. 다윗이 골리앗을 이길 수 있었던 비결은 1차원적인 근육의 힘에 있지 않았다. 상대의 힘을 역으로 활용할 줄 아는 보다 높은 차원의 힘인 앎, 지혜에 있었다. 생각하는 힘을 사용한 것이다. 우리가 되찾아야 할 것도 바로 밀려드는 기술의 물결에 휩쓸리지 않고 적절한 거리를 둔 채 스스로 생각할 줄 아는 힘이다.

　그리스신화 중에 인간의 기원에 관한 유명한 이야기가 또 하나 있다. 바로 프로메테우스 신화다. 이 거인족의 신은 인류를 얼마나 아꼈던지, 신의 형상처럼 똑바로 설 수 있게 만들었을 뿐 아니라 인간을 위해 불을 훔쳐다 주기도 했다. 이에 격분한 제우스가 프로메테우스를 바위산에 결박하고 독수리가 간을 쪼아 먹는 형벌에 처했다. 플라톤의 『프로타고라스』에 좀 더 상세한 내막이 나온다. 쌍둥이 형제인 프로메테우스와 에피메테우스는 새로 창조된 동물에게 생존에 필요한 특기를 나눠 주는 일을 맡게 되었다. 형인 프로메테우스는 동생 에피메테우스에게 그 일을 시킨 다음 자신이 사후 점검을 맡겠다고 했다. 자신의 이름처럼 생각이 짧았던* 에피메테우스는 다른 동물에게 재주를 다 나눠 주고 맨 마지막 순서였던 인간에게 이르러서야 줄 게 하나도 남지 않았음을 알게 되었다. 뒤늦게 문제 해결에 나선 프로메테우스는 아테나와 헤파이스토스로부터 각각 문명에 필요한 기술과 불을 훔쳐 인간에게 가져다주었다. 이 일로 프로메테우스는 벌을 받게 된다.

　그 후로 서양 문화사에서 프로메테우스는 인간의

---

* 희랍어로 프로메테우스는 '생각이 앞서다'라는 뜻이고, 에피메테우스는 '생각이 뒤에 오다'라는 뜻이다.

지적 노력(특히 과학적 지식 탐구)을 상징하는 존재였다. 나아가 인간의 지적 노력이 도를 넘거나 의도하지 않은 결과를 초래할 수 있음을 경고하는 인물로 해석되기도 했다. 메리 셸리의 SF소설 『프랑켄슈타인』의 부제가 바로 '현대 프로메테우스'다. 쿠라 신화가 돌봄의 인간을 이야기한다면 프로메테우스 신화는 기술의 인간을 보여 준다. 쿠라의 인간은 근심하고 돌아보고 숙고하지만, 프로메테우스의 인간은 도구로 난관을 극복해 나간다. 테일러는 앞서 말한 저서에서 쿠라 신화는 불안이야말로 인간이 타고난 것임을 다시 한번 상기시키지만, 정작 이 원초적 불안에 대처하는 법은 가르쳐 주지 않는다고 풀이한다. 나는 이러한 불안에 대한 대처법이 바로 돌봄이라고 생각한다.

　　말이 나온 김에 프로메테우스의 동생 에피메테우스도 짚고 넘어가자. '에피'epi가 '프로'pro의 반대 의미인 '뒤'를 가리키듯, 에피메테우스는 신화에서 형의 '뒷북'을 치는 '어리석은' 존재로 그려진다. 그러나 프랑스 과학기술 철학자 베르나르 스티글레르는 '에피'의 의미를 좀 더 적극적으로 해석해 '에피메테우스'를 '사후의 생각'인 기억을 상징하는 존재로서 인간의 기억력과 연결시킨다. 나는 에피메테우스를 생각보다 행동이 앞선 존재, 즉 생각이 행동보다 뒤늦은 존재로 해석하고 싶다. 그에 반해 프로메테우스는 생각이 앞서긴 했다. 그런 점에서 동생보다 나았다. 하지만 그 역시 기술이 주는 이로움만 앞서 생각했을 뿐 그로 인한 비용이나 폐해까지 아우르는 전체적인 결과는 미리 생각하지 못했다. 요컨대 혁신적 사고에는 능했을지 몰라도 성찰적 사고에는 이르지 못한 존재다. 초기 인류가 아마 그러했을 것이다.

지금 우리에겐 다시 자기 돌봄의 사유, 세계를 돌보는 사유, 전방위의 성찰적 사유가 필요하다. 일찍이 기계화의 위험을 예견한 기술 철학자 루이스 멈퍼드는 『예술과 기술』에서 이렇게 말했다. "우리 시대의 가장 큰 문제는 현대인의 균형과 전체성을 회복하는 것, 즉 현대인으로 하여금 자신이 만들어 낸 기계의 무력한 동반자나 수동적인 희생자가 되기보다 기계에 명령할 수 있는 능력을 얻도록 하는 것, 서구인이 기계의 발전에 집중하기 위해서 그 자신의 삶을 대체한 바로 그 순간에 잃어버린 개성, 창의성, 자율성 등의 기본 특성을 소중하게 여기는 마음을 우리 문화의 심장부로 돌려주는 것 등이다. 한마디로, 우리 시대의 문제는 기계의 일방적인 승리라는 최정점에서 어떻게 하면 우리 자신을 자멸로부터 보호할 수 있겠느냐 하는 것이다."

이 책에서 나는 챗GPT 시대로 진입하면서 특히 속도와 강도를 더해 갈 위험이 큰 읽기 능력의 퇴화에 초점을 맞추려 한다. 챗GPT가 그 겉보기의 화려한 유용성에도 불구하고 기계가 인간의 소통에 깊숙이 개입하기 시작했음을 알리는 신호탄인 동시에 인간의 자율적 사고의 핵심 기반인 읽기의 퇴화를 앞당기는 촉진제가 될 수 있다는 염려 때문이다. 이런 생성형 AI는 개발 기업의 경쟁에 힘입어 사람들의 일상으로 급속히 파고들 것이다. 오해 없기를 바란다. 나는 기술에 무작정 반대하지 않는다. 기술이야말로 인간의 본질적인 특징이자 핵심 능력 중 하나이며 앞으로도 그럴 것임을 잘 안다. 인간은 기술과 더불어 인간의 길을 걷기 시작했다. 돌도끼나 불은 물론 언어와 문자도 일종의 기술이다. 문제는 오늘날 기술이 도구이자 수단의 자리를 넘어 사실상 주인의 자리를 잠식하기 시작했다는 사실이다. 물론 기술은 그것 자체가 살아 있거나 욕망하는 주체가 될 수 없다. 인간을 상대로 점점 힘을 키워 가는 기술 이면에는 그런 흐름을 주도하는 소수 기술 자본 권력 집단이 존재한다. 오늘날 기술의 일방적 질주는 불평등의 확대재생산과 궤를 같이 한다는 데에도 심층적인 문제가 있다. 이들은 기술의 발전 경로와 속도를 필연이자 숙명으로 받아들이라고 요구한다. 하지만 경제학자 대런 아세모글루와 사이먼 존슨이 『권력과 진보』에서 선명하게 보여 주었듯, 그런 기술 숙명론은 매번 지배권력의 자기 정당화에 불과했음을 역사는 증명한다.

이 책을 쓰면서 나는 다수를 겨냥하지 않았다. 나의 문제 제기와 진단에 공감할지도 모를 또 한 사람의 '생각하는 사피엔스'를 염두에 두었다. 그가 혼자서 고민하는 문제가 그만의 문제는 아님을 알려 주고 싶었다. 지금 우리에게 숨 가쁘게 밀려드는 기술 발전의 흐름은 평범한 개인에게 무력감을 느끼게 하지만, 결국에는 우리 모두가 관심을 갖고 함께 대처해야 할 문제다. 먼저 문제에 눈을 뜬 사람이 몇이든 함께 연대한다면 보다 나은, 다른 꿈을 꿀 수 있고 현실을 더디게라도 바꿔 나갈 수 있지 않을까. 백이면 백 모두가 일심동체여야 할 필요는 없다. 백 명 중 한 명이라도 족하다. 그 한 명이 또 다른 백 명에게 뜻을 전하고, 그 백 명 중 또 한 명이 다시 전령 역할을 이어받으면 된다. 그런 나비효과를 기대하며 글을 이어

가려 한다.

지금 우리에게는 다시 쿠라의 눈길이 필요하다. 그것이야말로 불안과 염려에서 주의의 회복으로, 건강한 호기심의 발휘로, 궁극에는 자신과 세상에 대한 돌봄으로 나아가는 길이며, 그런 시선은 무엇보다 읽기를 통해 기를 수 있다고 믿는다.

주의는 제한된 자원이다

2

모든 사람이 같은 행동을 하고 있었기 때문에
모두 괜찮을 것이라고 지레짐작했다.
— 조너선 하이트

손, 밖으로 드러난 뇌

그리스신화에는 여러 영웅이 등장한다. 이들은 대개 도무지 불가능해 보이는 임무를 거뜬히 완수하곤 하는데, 이때 성패를 가르는 열쇠 중 하나가 주의력이다. 가령 메두사의 목을 벤 영웅 페르세우스를 봐도 그렇다. 그는 계부 폴리덱테스 왕의 계략에 빠져 세상 끝에 사는 괴물 메두사의 목을 베러 나선다. 그런 그에게 신들이 다양한 무구를 챙겨 준다. 아테나는 자신의 방패인 아이기스를,

헤라는 메두사의 머리를 담을 자루를, 하데스는 몸을 보이지 않게 하는 투명 투구를, 헤파이스토스는 잘 드는 칼을, 헤르메스는 하늘을 날 수 있는 신발을 내어 준다. 그럴 만했다. 고르곤 세 자매 중 하나인 메두사는 머리카락이 독사인 매혹적인 여인으로 유명했지만 그만큼 치명적인 무기를 감추고 있었기 때문이다. 그녀의 매력에 빠져 눈을 바라보는 사람은 곧바로 돌이 되었던 것이다. 고생 끝에 메두사의 거처에 도착한 페르세우스는 하데스의 투구로 모습을 감추고 아테나의 방패를 거울 삼아 메두사를 비춰 보며 접근해 목을 베는 데 성공한다. 메두사의 마력은 목이 잘린 상태에서도 보는 사람을 돌로 만들 만큼 강력해서 나중에 페르세우스는 다른 적을 물리치는 데 이것을 톡톡히 활용한다.

메두사 신화로 말문을 연 이유는 요즘 속수무책으로 스크린에 시선을 빼앗긴 사람을 보면 문득 그녀의 마력이 떠오르기 때문이다. 지난겨울 북극한파로 인한 영하 10도의 혹한에도 길에는 스마트폰을 꺼내 들고 오가는 사람이 많았다. 마주 오는 사람과 거의 부딪히기 직전에야 멈춰 서거나 가까스로 서로를 피해 가는 신통한 재주를 발휘하면서. 미국 SF 작가 레이 브래드버리의 고전

『화씨 451』에는 사람들이 벽면 스크린 TV에 중독되어 현실보다 가상의 세계와 인물을 더 가깝게 느끼는 장면이 나온다. 그 장면과 지금 현실이 다른 게 있다면 집 안의 벽을 큰 스크린이 차지하고 있을 뿐만 아니라 크기가 훨씬 더 작은 스크린이 사람들의 손에 하나씩 더 쥐여 있다는 것뿐이다. 예전에는 식구들이 한 방에서 함께 TV를 시청했다면 이제는 각자 방에서 스마트폰을 들여다보며 시간을 보낸다.

작은 스크린이 위력은 더 크다. 사람들이 주머니에서 손거울 꺼내 보듯 손쉽게 들여다보는 스마트폰은 전문가들이 '부주의 실명'inattentional blindness이라 부르는 증상을 낳는다. 바로 눈앞에서 일어나는 일도 주의 유무에 따라 인지 여부가 달라지는 증상으로, '보이지 않는 고릴라'라는 제목의 실험 동영상으로 많이 알려졌다. 연구진은 참가자에게 흰옷과 검은 옷을 입은 팀이 농구공을 패스하는 1분짜리 영상을 보여 주고 흰옷 팀의 패스 횟수만 세라고 했다. 영상 중간에 고릴라 옷을 입은 여학생이 9초간 화면 중앙으로 걸어 나와 카메라를 향해 가슴을 두드리는 장면이 나오는데, 참가자 절반이 고릴라를 전혀 보지 못했다. 샹바오는 이와 같은 주의 왜곡으로 인한 '주변의 상실'이 현대사회에 팽배하다고 봤다. 우리는 주변을 살펴야 할 눈과 곁의 누군가를 어루만져야 할 손을 스마트폰에 내주고 만 것이다. 메두사의 얼굴만큼이나 매혹적으로 다가오는 눈부신 기계에 눈과 손을 다 내줬다는 것은 생각보다 더 의미심장한 일이다. 둘은 우리의 감각과 운동기관 중에서 가장 핵심적인 역할을 하기 때문이다. 그 의미심장함을 좀 더 자세히 설명해 보겠다.

인류는 직립보행을 하면서 자유로워진 두 손으로 도구를 제작하고 불을 피우고 사냥을 했고, 그 덕에 고열량 음식을 섭취하게 되었다. 뇌가 유달리 크게 발달한 것도 그 때문일 거라고 인류학자들은 설명한다. 그러니까 우리의 손과 뇌는 서로서로 도우며 공진화해 온 것이다. 손은 운동기관일 뿐 아니라 고도의 감각기관이기도 해서, 손의 촉각은 감정과도 밀접하게 연관되어 있다. 우리는 감정을 지칭할 때도 시각이나 청각이 아닌 촉각과 연결된 '느낌'feeling이라는 표현을 쓴다. 이와 비슷한 이야기를 뇌과학자 데이비드 린든도 한 적이 있다. 그는 자신의 저서 『터치』에서 촉각을 설명하며 "피부에서 신경을 거쳐 뇌까지 이르는 신체 촉각 회로의 특수한 구조는 이상하고, 복잡하고, 종종 이해하기 어려우면서도 우리 생활에 아주 큰 영향을 미친다"고 했다. 그에 따르면 "사람과 사람의 접촉은 일종의 사회적 접착제로서 그 역할을 톡톡히 한다. 접촉을 통해 사람이 연결되고, 고마움, 연민, 신뢰와 같은 정서가 함양된다".

일본 뇌과학자 구보타 기소는 『손과 뇌』에서 둘의 관계를 이렇게 설명한다. "손은 뇌가 내리는 명령을 수행하는 운동기관일 뿐 아니라 뇌에 가장 많은 정보를 제공하는 감각기관이다. 손을 움직이거나 손으로 바깥의 변화를 받아들일 때 뇌는 활성화된다. 손은 머릿속에서 만들어진 명령을 구현하는 도구지만, 반대로 손을 사용함으로써 새로운 생각이 만들어지기도 한다." 이 말은 일찍이 칸트가 손을 두고 '바깥으로 드러난 뇌의 일부'라고 표현한 것과도 일맥상통한다.

그러나 오늘날 손과 뇌의 관계는 예전 같지 않다. 사회학자 리처드 세넷은 스마트폰이 나오기도 전인 2008년에 쓴 책 『장인』에서 현대문명이 '생각하는 손'을 잃어버렸다고 개탄했다. 그는 근대로 오면서 "서구 문명은 손과 머리를 같이 연결해 쓰고 장인 의식의 욕구를 인정하고 고무해 주는 일에서 어려움을 겪어 왔다"고 진단한다. 그가 중요하게 생각한 것은 촉감과 동작을 통해 손으로 획득하는 체화된 지식이었다. 그러나 지금 우리의 손은 꽤나 묵직한 스마트폰의 충실한 받침대로 사용되거나 손끝으로 자판을 두드릴 때만 기계적으로 동원될 뿐이다. 정치철학 박사에서 모터사이클 정비사로 변신한 체험을 토대로 일련의 저술을 해 온 매슈 크로퍼드 또한 『손으로, 생각하기』에서 현대인이 손을 사용한 활동과 멀어지면서 '행위주체성'agency을 잃어 가고 있다고 경고한다.

대만의 화이트해커 출신으로 디지털부 장관까지 지낸 오드리 탕의 말이 떠오른다. 코로나 기간 중에 온라인으로 진행했던 인터뷰에서 그는 평소 태블릿 같은 디지털기기를 쓸 때 손끝으로 화면을 터치하는 방식을 피하고 되도록 스타일러스 펜을 사용한다고 했다. 촉각이 유발할 수 있는 중독의 위험성을 피하기 위한 예방책이라는 설명이 무척이나 인상적이었다. 그는 21세기 디지털 시대의 페르세우스라고 할 만큼 영리한 사람이었다.

'본다'는 적극적 활동

눈은 또 어떤가. 우리가 얻는 환경 정보의 약 80퍼센트가 시각에 의한 것임은 웬만큼 알려진 사실이다. 그러나 눈이 사실상 뇌의 일부라는 건 잘 모른다. 시각 시스템을 연구하는 스탠퍼드대학의 신경과학자 앤드루 휴버먼에 따르면, 눈은 뇌와 '연결되어 있는 것'이 아니라 사실상 뇌 그 자체다. 배아의 발달 과정을 보면 눈은 전뇌의 일부로, 임신 초기에 두개골에서 돌출된 다음 뇌의 나머지 부분과 다시 연결된다. 그러니까 눈은 사실상 중추신경계의 일부인 셈이다. 유기체는 두개골 밖으로 나온 눈을 통해 하루하루 시간에 따른 환경 변화를 인지하고 그에 맞춰 살아간다.

뿐만 아니라 두개골 밖에 있는 이 '두 조각의 뇌'를 통해 바깥 환경에서 벌어지는 사건을 파악해 뇌의 나머지 부분과 신체의 전반적인 각성 상태를 조정할 수 있다. 이처럼 눈이 독특한 위치를 차지한 이유는 유기체가 사건을 최대한 빠르게 예측해서 시시각각 변하는 환경에 민첩하게 대응하기 위해서였을 거라고 휴버먼은 설명한다. 만약 사물이 우리 몸에 접촉한 다음에야 반응할 준비를 한다면 이미 뒤늦은 대응에 불과할 것이다. 실제로 눈은 가만있는 것 같지만 쉴 새 없이 움직인다. 눈을 통해 뇌는 끊임없이 예측을 이어 가며 바로 지금의 순간이 아니라 미세하게 조금씩 앞선 미래를 살아가는 셈이다.

이토록 중요한 눈을 스크린은 붙박이 근시안으로 만든다. 가령 눈을 들어 먼 지평선이나 넓은 평원 같은 풍경을 바라볼 때 우리 눈은 '파노라마 버전'으로 설정된다. 이때 눈은 대개 한 지점에만 오래 머물지 않는다. 점차 시야가 확장되면서 위 아래 옆 등 주변을 멀리까지 본다. 이런 시각 상태는 경계와 각성에 관여하는 뇌간의 메커니즘을 느슨하게 풀어 준다. 우리가 무엇을 보든 바라보는 방식만 바꿔도 불안과 스트레스를 낮출 수 있다고 휴버먼은 조언한다.

'보는 것'에 관한 한 전문가는 화가다. 영국 빅토리아시대의 예술비평가로 특히 회화와 화가론으로 유명했던 존 러스킨은 "인간의 영혼이 이 세상에서 할 수 있는 가장 위대한 일은 무언가를 보고, 본 것을 분명하게 말하는 것"이라고 했다. 그리고 이런 말을 덧붙였다. "생각할 줄 아는 한 사람에 대해서는 수백 명이 말할 수 있지만, 볼 줄 아는 한 사람에 대해서는 수천 명이 생각할 수 있다. 명확하게 본다는 것은 시와 예언, 종교, 이 모두를 하나로 합친 것이다."*

러스킨의 통찰은 오늘날 신경과학을 통해서도 확인
된다. 지각은 수동적인 활동이 아니다. 카메라 필름에 빛
이 기록되듯 눈을 통해 쏟아져 들어오는 데이터를 일방
적으로 받아 기록하지 않는다. 지각은 그 자체로 창의적
인 행위다. 지금까지 살아오면서 경험한 것, 머릿속에 저
장해 둔 모델에 기반해 감각이 포착한 모호한 데이터를
어떤 기준에 의해 가려내고 해석한다. 그런 의미에서 오
늘날 신경과학자는 뇌를 '예측하는 기계'라고 부르기도
한다.

본다는 것이 잠재적으로 얼마나 적극적인 활동인지
에 대해서는 몇 가지 경험을 이야기할 수 있다. 기자 시
절 기사를 쓰기 전에 선행해야 하는 것이 사태의 면밀한
관찰이었다. 그러고 나서 여기에 관련 인물들의 증언 청
취를 더한다. 사회 현실은 물리적 사건이 아니라 사람들
의 이해와 해석을 요구하는 의미 구성체이기 때문이다.
그렇더라도 듣기에 앞서 현장에서 뭘 보았는지가 결정
적으로 중요하다.

또 몇 해 전 취미로 그림을 그리기 시작하면서 알게
된 사실인데, 미술은 손이 아닌 눈의 예술이라는 것이다.

---

* 존 러스킨, 「근대의 풍경에 관하여」(Of Modern Land-
scape), 『현대 화가』 제3권(Modern Painters: Volume 3),
2000.

미술계에서는 흔히 인상파 화가와 더불어 근대가 시작되었다고 한다. 자연과 사물에 대한 온전한 관찰이 그때 시작됐다는 뜻이다. 세잔 같은 작가들은 선배로부터 전수받은 화풍을 추종하는 데 머물지 않고, 밖으로 나가 자기 눈으로 본 자연과 풍경을 본 대로 화폭에 담으려 애썼다. 그런 인상파의 화풍에 결정적인 영향을 미친 선구적 화가가 바로 영국의 국민 화가 윌리엄 터너였다. 일찍부터 터너의 작품에 주목했던 러스킨은 터너의 작품이야말로 사람들에게 세상을 보는 새로운 방식을 알려 준다며 극찬했다. 터너의 삶을 그린 영화 『미스터 터너』에 이런 장면이 나온다. 눈보라 치는 날 그는 증기선 돛대에 몸을 밧줄로 묶고 바다로 나가 바람과 파도를 직접 눈으로 확인하려 한다. 당시 그의 나이 67세였다. 목숨을 건 관찰 끝에 나온 걸작이 『눈보라』Snow Storm다. 지금 봐도 현기증이 인다. 필사必死의 관찰 끝에 길이 남을 걸작이 나온 것이다.

주의를 기울이는 것에 주의를

부재가 존재를 웅변할 때가 있다. 감각도 그렇다. 훼손되었을 때에야 비로소 그 소중함을 깨닫는다. 시각도 예외가 아니다. 내가 어릴 때는 도심 주택가에서도 정전 사고가 심심찮게 일어났다. 그럴 때를 대비해 집집마다 양초와 성냥, 손전등 따위를 손 닿기 쉬운 곳에 상비해 두곤 했다. 이제는 정전 사고로 암흑 세상이 되는 경우가 극히 드물어졌는데, 언젠가 '어둠 속의 대화'라는 프로그램을 통해 시각이 송두리째 무력화되는 특별한 체험을 해 본 적이 있다. 지팡이 하나에만 의지한 채 정해진 구간을 통과하는 내내 마치 칠흑 같은 심해저 혹은 우주의 무중력 공간을 유영하는 듯한 기분이 들었다. 그동안 깨닫지 못하고 살았던 시각의 비중을 절감하게 해 준 소중한 기회였다. 평소 여러 감각 중에서 시각이 얼마나 압도적인 영향력을 행사하는지, 그런 시각 정보에 의해 우리의 인지는 물론 심지어 생각까지 얼마나 경도될 수 있는지 생생하게 알 수 있었다.

시각이 갖는 정치경제적 의미에 주목한 학자는 프랑스 사회학자 기 드보르였다. 기 드보르는 현실보다 가상이 지배하는 현대사회를 '스펙터클 사회'라고 불렀다.

여기서 스펙터클이란 상품 간의 관계가 사람 간의 관계를 대체한 사회에서 현실 대신 위력을 발휘하는 전도된 이미지를 말한다. 그 속에서 사람들은 수동적으로 변해 자신을 스펙터클과 동일시하는 것으로 진짜 활동을 대체한다. 우리의 사회생활은 이미지로 대체되어 몸소 사는live 것이 아니라 소비 내지 소유하는 것이 되고, 스펙터클은 사람들을 그저 넋 놓고 바라만 보는 수동적 소비 주체에 머무르게 한다. 가끔 극장에서 현란한 광고를 볼 때마다 스펙터클 사회를 실감한다. 드보르는 "스펙터클은 이미지의 집합이 아니라 이미지로 중재되는 사람들 간의 관계"라고 했다. 그 결과 스펙터클 사회에서 스크린 밖의 실제 삶의 질은 빈곤해지고 진정성이 결여되어 인간의 인식에까지 영향을 미치는데, 여기에 지식의 저하가 뒤따르면서 비판적 사고가 어려워진다. 또 스펙터클은 과거를 모호하게 만들어 미래와 함께 분화되지 않은 하나의 덩어리, 즉 끝없는 현재로 보게 하고, 그 결과 지금의 현실 역시 얼마든지 전복될 수 있는 역사의 한순간임을 깨닫지 못하게 한다.

지금의 자본주의를 '주의 경제'라고 부른다. 개인, 집단, 기업, 국가 할 것 없이 모두가 주의 뺏기에 혈안이다. 자본주의 사회에서 주의는 곧 자원이기 때문이다. 경제학자이자 심리학자인 허버트 사이먼은 일찍이 주의를 희소한 재화의 관점에서 주목했다. 그는 1971년 발표한 이론에서 정보가 풍부한 세계에서는 사람의 주의가 희소해진다고 했다. 그전까지 인류는 오랫동안 정보가 부족한 환경에서 살았다. 그러나 인터넷 시대로 오면서 정보 접근성이 더없이 좋아지고 콘텐츠가 폭증했다. 반면 인간의 주의력은 예나 지금이나 그다지 달라지지 않았다. 그로 인해 정보를 소비하는 수신자의 주의가 이제는 희소 자원이 된 것이다. 그 결과 사람들의 주의를 확보하기 위한 경쟁이 더없이 치열해졌고, 지금과 같은 상시적 주의 분산으로 이어졌다. 이런 상황을 일찌감치 내다본 물리학자가 있다. 마이클 골드하버는 1980년대 중반에 이미 인터넷의 지배와 리얼리티 TV 쇼의 유행, 개인 웹사이트와 과도한 공유 문화, 팬덤과 온라인 인플루언서 문화 등을 줄줄이 예견했다. 그가 예견한 항목 중에 심각한 주의력 손상도 있었다.

주의 끌기는 인간의 근본 욕구다. 오늘날 '관종'이라는 단어는 관심을 바라는 사람에 대한 부정적 인식을 반영하지만, 본래 사람은 누구나 다른 이의 관심을 바란다. 최소한의 관심은 심지어 생존에 필수적이다. 갓 태어난 아기도 주변 사람과 눈을 맞추려 하고, 미소로 시선을 끌려고 한다. 주변 사람의 관심을 받지 못하면 아이는 생존할 수 없기 때문이다. 영유아는 엄마나 주변 사람의 주의를 끌며 언어를 토대로 소통 능력을 키워 간다. 지금과 같은 온라인 접속 욕구에는 정보를 습득하고자 하는 원천적 욕구뿐만 아니라 다른 사람과 주의를 교환하고자 하는 사회적 교감과 소통의 욕구도 담겨 있다.

　　하지만 주의에 관한 한 비극적인 사실은 모든 사람이 어느 정도는 남의 주의를 끌기 원하지만 모두가 동등한 수준으로 주목을 받지는 못한다는 점이다. 우리는 동시에 많은 대상에게 주의를 기울일 수는 없지만 우리의 주의를 끄는 상대의 수에는 제한이 없다. 그런 점에서 주의 교환의 구조는 비대칭적이다. 너도나도 사람들의 시선을 좇아 온라인 공간으로 몰려가는 이유다. 온라인 공간에서 주의를 주고받는 관계의 비대칭성은 사람들이 몰리면서 걷잡을 수 없이 증폭된다. 온라인 공간은 누구나 언제든 주의를 끌 수 있는 잠재적인 기회를 제공한다. 바이럴이 되면 단번에 수십만 수백만 명의 관심, 그것도 정확한 수치로 표시되는 아주 구체적인 형태의 관심을 직접 확인할 수 있다. '좋아요'나 팔로어 수는 더없이 선명한 지표다.

주의 끌기는 흔히 권력과 지배와 조종의 관계를 낳는다. 주의 뺏기는 상대에 대한 통제 가능성을 함축한다. 사람의 주의를 뺏으면 그 사람의 행동을 원하는 대로 유도할 가능성도 커진다. 상대의 눈길을 사로잡으면 그것에 연결된 마음과 몸까지 의도대로 조종할 수 있는 잠재력을 가질 수 있기 때문이다. 오늘날 많은 사람의 관심을 끌 수 있는 사람, 이른바 인플루언서가 다방면에서 엄청난 영향력을 발휘하는 것만 봐도 알 수 있다.

주의를 기울이는 행위는 자발적인 것 같지만 그렇지 않은 경우도 많다. 이른바 집단적 동조 효과가 발생하는 경우다. "대박~!" "그거 봤어?" "강추" "필독" 같은 말이 돌면 삽시간에 조회수가 폭발한다. 이제는 사람들의 주의야말로 모두가 탐내는 목표물이 되었다. 정치와 경제 권력도 사람들의 주의를 추출하고, 휘두르고, 낭비하고, 남용하고, 팔고, 흐트러뜨리며, 그로부터 이익을 얻는 법을 찾는 데 혈안이다.

오늘날 온라인 공간을 지배하는 테크 플랫폼의 목표는 한결같다. 최대한 많은 사람을 자기 상품과 서비스에 오래 잡아 두고 떠나지 못하게 하는 것이다. 기업은 주의 뺏기 경쟁에서 이기려고 필연적으로 인간의 가장 낮은 차원, 즉 충동 부분을 공략한다. 이 과정에서 심리학자와 행동경제학자가 수십 년간 분석해 온 다양한 심리적 편향을 이용한다. 끊임없이 들여다보고, 클릭하고, 탭을 누르고, 스크롤을 하게 만든다. 이른바 설득의 산업화다. 모든 설계가 설득 기술을 체계적으로 적용한다. 강압보다 설득의 힘이 더 무섭다. 모든 설계는 인간의 심리를 넘어 행동과 태도 형성까지 목표로 한다. 이를 위해 행동 데이터를 수집하고 광고 자원으로 활용해 수익화하는 경제구조를 하버드 경영대학원의 쇼샤나 주보프는 '감시 자본주의'로 개념화한 바 있다.

주의 경제는 한 사람이 주의를 얻으면 다른 사람은 배제된다는 점에서 제로섬게임이다. 주의는 누구나 얻고 싶은 것이고, 따라서 누구든 주의를 최대한 많이 얻으려 든다. 이제는 모두가 사람들의 주의를 끌고 관심을 받는 것에 엄청난 주의를 기울인다. 다양한 매체의 유명 프로그램에 출연하거나 직접 소셜미디어를 활용해 주의를 끌려 한다. 아이들도 일찍부터 인플루언서를 꿈꾼다. 특별히 '관종'이어서가 아니라, 무슨 일을 하려고 하든 우선 많은 사람의 눈에 띄어야 하기 때문이다. '노이즈 마케팅'이라는 말도 있듯이, 설사 논란의 중심에 서게 되더라도 적지 않은 사람이 일단 관심을 받는 것이 아예 받지 못하는 것보다 낫다고 생각한다. 이들에게는 잠깐의 미움보다 더 두려운 것이 영원한 무관심이고, 오명이나 악명을 얻을망정 무명보다는 낫다고 여긴다.

주의 경제는 결국 스타 시스템과 팬덤 문화를 낳는다. 여기서 핵심은 스타와 팬의 관계다. 팬덤을 만들어 낼 수 있는 스타가 그 분야를 지배한다. 굳이 온라인 공간이 아니어도 문화, 스포츠, 비즈니스, 정치 등 모든 분야에서 소수의 유명 인사가 많은 사람의 주의를 나눠 가진다. 이를 테면 영화산업계의 블록버스터 현상 같은 것이다. 사람들은 유명한 사람에게 몰려가고, 유명한 사람은 유명하기에 더 유명해진다. 명성이 명성을 키우는 눈덩이 효과다. 거기에는 누구나 '마이크로 스타'가 될 수 있는 기회도 상존한다. 앤디 워홀은 "미래에는 누구나 15분 동안은 세계적으로 유명해질 것"이라고 했다. 경제학자 로버트 프랭크와 필립 쿡은 함께 쓴 책『승자독식사회』에서 스포츠, 연예, 예술 분야에서나 익숙했던 스타 시스템이 이제 일반 직종으로도 옮겨 갔다고 분석했다. 이미 '스타 CEO' '스타 장관' '스타 작가'라는 말은 상용어가 되었다.

　골드하버는 이런 시대가 직면하게 될 몇 가지 부작용도 예견했다. 첫째, 주의의 수요와 공급의 비대칭으로 스타와 팬 사이에 엄청난 불평등이 야기된다. 둘째, 개인이 기울일 수 있는 한정된 주의량을 감안할 때 수요가 늘어나면 사고의 깊이는 얕아질 가능성이 커진다. 셋째, 남의 주의를 끌기 위한 노력에 몰두하다 주변 사람, 특히 사회적으로 취약한 사람들을 소홀히 할 가능성이 커진다. 넷째, 주의의 흐름이 중요해지면서 갈수록 사이버공간의 중요도도 높아지고 덩달아 스타성, 다시 말해 유명세도 더욱 커질 것이다. 반면 익명성을 유지하거나 그럴 수밖에 없는 다수의 권력은 감소할 것이다. 이러한 주의경제의 부작용은 민주주의에도 치명적인 위협이 될 수 있다. 정치인은 유권자의 주의를 끌기 위해 점점 더 극단적인 입장을 표명하고 자극적인 발언으로 조명을 받으려 경쟁한다. 복잡미묘한 정책 논의가 온라인에서는 지극히 단순한 슬로건으로 생각 없이 유통된다. 2020년대를 사는 우리가 지금 직면한 문제와 정확히 맞아떨어진다.

무엇보다 더 큰 우려는 우리가 그런 주의 경제 시대에 살고 있다는 사실조차 잘 인식하지 못한다는 것이다. 자신의 주의가 포획자들에게 마음대로 공략당하고 있는 상황에 둔감하거나 혹은 그 사실조차 모른다면 어찌할까. 인터넷 기술이 바꿔 놓을 세상에 일찍 주목한 미디어 연구자 하워드 라인골드는 저서 『가상 공동체』Virtual Community에서 이렇게 말한다. "주의는 제한된 자원이다. 그러니 당신은 주의를 기울이는 것에 주의를 기울여야만 한다." 그의 말은 기계학습을 통해 우리보다 우리를 더 잘 알게 될 인공지능 알고리즘 시대에 더 큰 무게로 다가온다.

AI는 인류 역사에서
불에 비견할 만하다

인공지능의 모든 노력이란 본질적으로 컴퓨터가
지닌 경직성을 극복하기 위한 싸움이다.
— 더글러스 호프스태터

어떻게 생각이 아니라고 말할 수 있을까

생성형 AI 열풍을 선도한 미국의 오픈AI가 챗GPT를 세
상에 처음 공개한 2023년 7월, 예상 밖의 성능에 놀라움
과 우려가 교차하면서 『뉴욕 타임스』 칼럼니스트인 데
이비드 브룩스도 이 문제를 칼럼에서 다뤘다. 평소 보수
적이면서도 매사에 균형감각을 유지해 온 그의 논조를
감안하면 칼럼의 제목은 꽤나 파격적이었다. "인간은 곧
빛을 잃을 것이다." 제목에 담긴 단정적인 어투의 진단

이 적잖이 놀라웠다. 시선 끌기 경쟁이 갈수록 치열해지는 요즘, 『뉴욕 타임스』조차 제목을 이토록 자극적으로 뽑는 것인가? 반신반의하며 글을 읽어 내려갔다.

브룩스는 먼저 더글러스 호프스태터 이야기로 말문을 연다. 호프스태터는 『괴델, 에셔, 바흐』의 저자로 국내에도 잘 알려진 인지과학자다. 그는 2018년 1월 미국 시사교양지 『애틀랜틱』에 「구글 번역의 얕음」The Shallowness of Google Translate이라는 글을 기고해 논쟁을 촉발하기도 했다. 이 글에서 그는 당시 사람들의 주목을 끌기 시작한 AI 번역기의 능력을 평가하면서 "일부 작업에는 아주 유용할 수 있지만, 전문 번역가의 창의적이고 미묘한 솜씨를 따라가려면 아직 멀었다"라고 했다. 또 AI는 "생각과 상상, 기억 또는 이해를 하는 것이 아니라 텍스트의 조각을 초고속으로 처리할 뿐, 단어가 사물을 의미한다는 사실조차 모른다"라고 잘라 말했다.

브룩스는 칼럼에서 자신도 호프스태터와 같은 입장이었다고 했다. AI는 가령 아이들의 학습을 돕거나 사무실에서 회의 내용을 요약하는 데는 놀라운 도구가 될 수 있지만, 인간의 지능에 비할 건 못 된다고 말이다. 인공지능은 신체와 생물적 특성이 없기에 욕망과 감정, 개념적 인식과 이해, 자기 인식 같은 고차원적 정신 작용을 기대할 수 없다. 따라서 인간보다 어떤 일을 훨씬 더 많이, 더 잘할 수는 있겠지만 인간을 대체하지는 못할 거라고 봤다.

그런데 브룩스는 자신이 그토록 신뢰했던 이 분야 전문가인 호프스태터가 AI에 관한 생각을 바꿨다는 소식을 접하게 되었다. 자신이 애독하던 팟캐스트의 뉴스레터에 실린 '더글러스 호프스태터, 딥러닝과 AI 위험에 대한 생각을 바꾸다'라는 글을 통해서였다. 스스로 인문주의자임을 자처해 온 브룩스는 마음 깊이 '우군'이라 믿었던 호프스태터가 이 인터뷰 글에서 한 말이 마치 '동지의 배신'처럼 들렸다. 5년 사이에 호프스태터의 생각은 크게 바뀌어 있었다. 그는 뭉크의 그림 『절규』에 가까운 어조로 이런 말을 쏟아 놓았다. "세상에 대한 가장 핵심적인 믿음의 일부가 무너지기 시작하는 것은 대단히 악몽 같은 경험입니다. 특히 인류가 조만간 중심에서 밀려날 거라고 생각해 보세요." "인간은 훨씬 더 지능적인 다른 무엇에 비하면 아주 작은 현상일 뿐입니다. 결국에는 마치 지금 우리가 바퀴벌레에게 이해할 수 없는 존재인 것처럼 그것(AI)이 우리에게 그런(이해할 수 없는) 존재가 될 겁니다."

놀란 나머지 브룩스는 호프스태터에게 직접 전화까지 걸었다. 혹시나 했던 브룩스의 귀에 들려온 호프스태터의 말은 '확인 사살'에 가까웠다. 그는 AI의 등장이 바꿔 놓을 인류의 미래에 대한 두려움을 숨기지 않았다. "(챗GPT는) 내가 가능할 거라고 상상도 못했던 재주를 부리고 있습니다. 거의 매일 매 순간 나는 조마조마합니다. 책을 읽든 글을 쓰든 그림을 그리든 친구들과 이야기를 하든, 뭐가 됐든 다른 데 관심을 쏟을 수 있으면 좋겠는데, 마음의 평안을 찾기가 너무 어렵습니다."

호프스태터는 예전부터 지능에 대한 나름의 정의를 내려 두고 있었다. 그에게 지능이란 복잡한 상황에서 핵심을 찾아내는 능력이었다. 즉 "그 상황에 관한 다른 막대한 것들은 무시하고 핵심만 간결하게 요약하는" 능력을 의미했다. 그가 프랑스 인지심리학자 에마뉘엘 상데와 함께 쓴 『사고의 본질』에 따르면, 인간이 그처럼 어떤 상황의 핵심을 파악할 수 있는 것은 유추를 잘하기 때문이다. 유추란 구체적인 사례를 어떤 범주로 분류해서 파악하는 능력을 말한다. 플라톤의 『대화편』에서 소크라테스가 아테네 시민들과 주고받는 철학적 대화의 상당

부분이 그런 유추에 속한다. 이전에 AI는 이런 고차원의 유추적 사고를 제대로 수행할 수 없었지만 이제는 가능해졌다고 호프스태터는 말했다. 따라서 우리가 어떻게 AI에 이해 능력, 즉 사고능력이 없다고 할 수 있겠느냐고, 나아가 이런 종류의 사고를 AI가 할 수 있다면 '의식' 또한 만들어 내지 않겠느냐고 그는 결론 내렸다. 그전에도 그는 의식이란 것은 '정도의 문제'이며, 만약 어떤 존재든 사고를 한다면 의식이 있는 것으로 봐야 한다고 주장해 왔다. 가령 벌의 의식 수준을 1로 본다면 개의 의식은 벌보다 높고, 아기는 개보다 높으며, 성인은 아기보다 높다고 할 수 있다는 말이다. "이 기계는 완전한 무의식 상태라고 말하기 힘든 단계로 접근하고 있습니다. 우리는 그것이 어느 정도 의식이 있고 어느 정도 살아 있음을 인정해야 할 것입니다." 호프스태터의 이 말은 적어도 의식과 사고에 관한 그의 정의에 따른다면 논리에 아무런 문제가 없어 보인다.

사실 이는 그전에도 테크 업계의 기업가나 개발자, 연구자가 심심찮게 했던 말이다. 그때마다 브룩스는 인간의 마음이 얼마나 복잡하고 광대하며 깊은지 제대로 알지 못하고 하는 소리라고 일축했다. 하지만 이제 다른 사람도 아닌 호프스태터가 그런 말을 하기 시작했다면, 이건 차원이 다른 문제라고 생각했다. 브룩스가 보기에 호프스태터는 인간 의식의 신비에 누구보다 경외심이 가득했던 '골수' 인본주의자였기 때문이다.

그럼에도 브룩스는 '인간은 곧 빛을 잃을 것'이라는 단정적인 제목과 달리, 칼럼의 끝부분에 가서는 "지금까지는 그(호프스태터)가 내 생각을 완전히 바꾸지는 못했다"라고 적었다. 그는 여전히 챗GPT 같은 것은 무생물의 도구라고 본다. "봇은 실제로 생각하는 것이 아니라 단지 인간의 생각에 편승할 뿐"이라는 것이다. 브룩스가 생각하기에 인간이란 존재는 어릴 때부터 세상에 대한 모델을 구축하기 시작한다. 달고 쓴 경험, 감정적인 기쁨과 상실감, 도덕적인 승리와 패배 등 인간 삶의 갖가지 경험을 통해 모델을 구축하고 끊임없이 개선하는 것이다. 그런 경험에서 나오는 숱한 지혜는 우리 정신의 무의식 속에 깊숙이 저장되고, 그중 일부는 언어의 형태로 표현된다. 물론 AI도 인간이 인터넷에 올려놓은 언어적 표현을 종합하고 그것을 토대로 훈련한다. 하지만 인간처럼 생생한 삶의 경험을 직접 학습할 기회는 없다. 언어로 된 세계의 표층에서 주어진 알고리즘에 따라 정보를 수집할 뿐, 실제 인간이 체험하는 감정으로 가득한 과정과 힘들게 얻은 '지혜'를 축적하는 것은 아니다.

이쯤에서 브룩스는 자신의 원군으로 또 다른 휴머니스트 컴퓨터과학자 재런 러니어까지 불러들인다. 러니어는 최근까지도 AI에 인공'지능'이라는 이름을 붙인 것부터가 '과장'이라고 주장했다. 그는 2023년 4월 『뉴요커』에 기고한 'AI는 없다'There is no AI라는 도발적인 제목의 글에서 AI는 좋게 봐야 '혁신적 형태의 사회적 협력'이라고 규정했다. 그저 인간 정신의 언어적 표현을 쓸모 있게끔 구조화된 방식으로 조합한 것이지, '새로운 정신'의 발명은 아니라고 본 것이다. 브룩스는 자신이 여전히 러니어와 같은 AI 한계론자의 입장이라고 밝힌다. 그러면서도 예전에 비해 그 믿음에 대한 열의가 낮아졌음을 시인한다. 호프스태터의 말이 정곡을 찌른 것처럼 느껴졌기 때문이다.

고차원의 지능이 필요한 문제를 AI가 풀어낸다면 그 과정을 어떻게 '생각'이 아니라고 할 수 있을까? 어쩌면 AI가 수행하는 활동은 '인간의 언어적 표현의 조합' 차원을 넘어서는 것인지도 모른다. 그 나름의 '창의적인' 방식으로 인간 사고의 생성물인 다양한 텍스트를 종합하는 것인지도 모른다. 그 결과 인간은 생각하지 못했던 새로운 사고의 범주와 내용을 산출해 내는 것인지도 모른다. 어쩌면 실제 세계에서 살아가는 사람의 몸을 기반으로 하는 정신이 실행하는 사고의 종류와 완전히 다른, 다시 말해 몸이 없는 기계에 의한 사고이지만 또 어떤 면에서는 그렇기 때문에 인간의 지능보다 훨씬 빠르고 우월한 방식으로 작동하는 지능일지 모른다. 호프스태터는 여기에다 AI의 뚜렷한 이점 하나를 더 꼽았다. '인공두뇌'는 1300그램 정도에 불과한 인간의 생물학적 뇌와 달리 사실상 물리적 확장에 아무런 제약이 없다는 점이다. 실제로 AI는 그 잠재력에 주목한 자본이 개발 기업에 경쟁적으로 투자하면서 그 규모와 수행 능력이 나날이 좋아지고 있다.

브룩스는 결국 챗GPT-3이 출시된 이후 자신의 마음 상태가 깊은 혼돈에 휩싸였음을 시인한다. 인류가 어디로 가고 있는지 그리고 인간적이라는 것이 무엇인지에 대한 생각이 흔들리게 됐다는 것이다. "요즘은 무슨 일이 이미 일어나고 나서야 그것을 간신히 이해하기 시작했다고 생각하는 순간 또 다른 놀라운 일이 일어난다. 기계는 매번 새로운 일을 해내고, 그때마다 계속해서 그

방면의 권위자가 하나둘 생각을 바꾼다."

그럼에도 브룩스는 미지의 것에 포위되었을 때 자신은 오히려 방어적이고 단호해진다고 썼다. 자기 존재의 가장 깊은 핵심에 더욱더 집착하게 된다는 것이다. 그 핵심이란 우리의 감정이 출현하고, 영감이 흘러나오고, 욕망이 약동하는 정신의 광대하면서도 대부분은 숨겨진 영역이다. 바로 이 핵심이 우리 각자를 다른 누구도 아닌 우리 자신으로 만든다. 그는 마음 같아서는 인간의 이 신성한 영역을 침범하지 못하도록 그 주변에 방어벽을 쌓고 이렇게 외치고 싶다고 한다. "이것이 인간의 본질이다. 이것은 절대로 기계가 복제할 수 없을 것이다." 하지만 곧바로 기술주의자의 이런 냉소적인 속삭임을 피할 수 없다고 쓴다. "천만에, 그건 그냥 신경망일 뿐이야. 그 안에 특별한 것이라곤 아무것도 없어. 당신(당신과 같은 인간)에 관한 한 기계가 능가하지 못할 것은 아무것도 없단 말이야." 브룩스는 혼란에 빠진 것이 분명하다.

호프스태터의 예상마저 뒤흔든 AI

브룩스의 글을 한 번 더 숙독한 나는 곧바로 호프스태터의 인터뷰 원문을 찾아 읽었다. 그가 지식 커뮤니티 블로그 레스롱Lesswrong과 한 인터뷰가 녹취록 형태로 올라와 있었다. 호프스태터는 먼저 인간은 '나'(대문자 I)라고 부를 수 있는 행위 주체에 관심이 많다고 했다. 예전 같으면 '영혼'이라고 불렀을 법한 그런 주체 말이다. 일반적으로 챗봇 같은 기계의 응답에서는 이런 주체가 느껴지지 않는다. 하지만 그는 챗GPT-3이나 후속 모델인 GPT-4의 경우 '뭔가 다른 것'이 있는 것처럼 느껴진다고 했다. 문제는 이 '뭔가 다른 것'이 언제쯤이면 본격적인 행위 주체로 혹은 적어도 일부로나마 '나'로 여겨질 수 있겠는가 하는 것이다. 이것은 튜링의 모방 게임을 연상시킨다. 튜링은 문답 과정에서 기계의 반응을 인간의 반응과 구분할 수 없다면 '생각하는 것'으로 봐야 한다고 제안했다. 호프스태터는 바로 지금 그런 일이 일어나고 있다고 여겼다. 혹은 당장은 아니더라도 곧 그럴 것 같은 예감이 든다고. 더욱이 기계의 '생각'은 단순히 인간의 의식이나 자아와 유사하다는 데 그치지 않는다. 오히려 매우 다르기 때문에 섣불리 예측할 수 없어 어떤 면에서는 더 두렵다. 이 기계 지능은 인간보다 훨씬 더 많은 지식을 가졌을 뿐만 아니라 처리 속도도 훨씬 빠르다. 지금이야 여전히 너무나 많은 실수를 저지르기에 인간보다 더 똑똑하다고 단정할 수 없지만, 머지않아 훨씬 더 똑똑해지고 개별 혹은 집단 차원의 인간을 능가할 것이다. 그러면 인간은 주역이 아닌 조역이 되어 주변으로 밀려나지 않을까.

그가 특히 우려했던 것은 이런 상황이 다가오는 속도였다. "이런 일이 수백 년같이 긴 시간에 걸쳐 일어난다면 괜찮을 수도 있을 겁니다. 하지만 불과 몇 년 사이에 일어나고 있습니다. 이건 전례가 없는 일이고, 마치 해일처럼 상상할 수 없는 속도로 우리를 휩쓸고 있습니다." 호프스태터는 구체적으로 무엇을 두려워하는 걸까? 이 질문에 그는 AI 연구에 평생을 바쳐 온 자신의 여정을 복기했다. "내가 인지과학을 공부하고 마음과 계산에 대해 생각하기 시작한 것은 1960년경이었습니다. 나는 컴퓨터가 어떻게 작동하는지, 또 얼마나 경직된 것인지 알고 있었습니다. 사소한 타이핑 오류에도 프로그램이 완전히 망가지곤 했으니까요. (……) 나는 컴퓨터가 할 수 있는 것과 없는 것에 대한 '특정한 느낌'을 갖고 자랐습니다." 그러다 기계학습에 기초한 인공지능이 등장했을 때 그는 새로운 가능성을 보았다. 그전까지의 경직성에서 벗어나 기계학습을 통한 유연함의 길이 열린 것이다. 하지만 그렇다고 해도 인간 지능의 수준에 도달하거나 위협할 정도가 되려면 훨씬 더 많은 시간이 필요할거라고 봤다.

인지과학자인 그는 원칙적으로는 컴퓨터가 인간 지능과도 경쟁할 수 있다고 생각했다. 그러지 못할 이유가 없었기 때문이다. 다만 그런 단계는 아주 멀리 있는 목표라 아직은 걱정하지 않아도 된다고 여겼다. 그러나 20년전 새로운 시스템이 등장하면서, 게다가 이 시스템이 점점 빠른 속도로 개선되기 시작하면서 그전까지의 생각이 흔들렸다. 바로 기계학습에서 한 단계 진전된 방식인 딥러닝 시스템이 등장한 것이다.

딥러닝이란 인간의 두뇌가 학습하는 방식에서 영감을 얻어 컴퓨터가 유사한 방식으로 데이터를 처리하게 만든 인공지능의 학습 방식이다. 인간의 뇌에는 함께 작동하며 정보를 배우고 처리하는 수백만 개의 신경세포(뉴런)가 서로 연결되어 있다. 인공신경망도 그처럼 컴퓨터 내부에서 함께 작동하는 여러 층의 인공 뉴런인 퍼셉트론으로 구성된다. 퍼셉트론의 각 층을 서로 연결하는 방식으로 텍스트나 그림, 소리, 기타 데이터의 복잡한 패턴을 인식하고 예측하는 것이다. 참고로, 딥러닝의 '딥'deep은 다분히 비유적이다. 인공지능이 발휘하는 사고능력의 '깊이'를 말하는 것이 아니라, 인공 뉴런으로 된 하드웨어적 신경망의 층(퍼셉트론층)이 여러 겹이라는 뜻이다. 입력층과 출력층 사이에 존재하는 중간층을 숨어 있는 층이라 해서 은닉층이라 한다. 인공신경망 모델은 예전에 개발되었으나 과거 반도체의 연산 성능으로는 쓸 만한 모델을 구현할 수 없었기 때문에 이론적 논의에만 그쳤다(그런 상황에도 굴하지 않고 이론을 현실화하려고 고군분투한 인물이 있었으니, 오늘날 AI 대부라 불리는 제프리 힌턴이다. 그에 대해서는 다음 장에서 자세히 이야기하겠다). 2000년대 들어 컴퓨터 능력이 급격하게 향상되면서 이론은 빠르게 현실이 되었다. 딥러닝의 가장 큰 특징은 모델의 규모를 키우고 데이터를 대량으로 입력하면 그만큼 수행 능력이 좋아진다는 점이다.

챗GPT도 같은 원리를 따른다. 이른바 대규모 언어모델LLM, Large Language Model은 방대한 양의 말뭉치Corpus를 사전 학습한 뒤 새로운 문장이나 단어가 주어졌을 때 확률적으로 가장 관련성이 높은 표현을 예측하는 방식으로 작동한다. 텍스트 데이터를 활용해 언어의 패턴과 문법, 의미를 학습하고 그것을 토대로 일련의 단어에서 다음 단어를 예측해 마치 사람처럼 텍스트를 생성하는 것이다. 인터넷의 다양한 대화 스타일 텍스트를 학습해 맥락을 이해하고 적합한 응답을 생성해 제공한다. 질문에 답하고, 설명을 제공하고, 쓰기를 돕고, 대화를 시뮬레이션하는 등 다양한 작업에 사용할 수 있다. 사람처럼 답하도록 설계되었지만 응답은 학습된 데이터의 패턴을 기반으로 생성된 것일 뿐, 진정한 이해나 의식의 산물이라고는 볼 수 없다.

하지만 호프스태터는 AI 능력의 급속한 성장 과정을 지켜보면서 "인류 전체가 곧 빛을 잃고 먼지 속에 남겨질 것 같은 느낌이 들었다"고 했다. 그는 이제 『괴델, 에셔, 바흐』를 집필할 때 상상했던 것처럼 인간 정신이 그렇게 신비롭고 복잡하지 않을지도 모른다고 생각하게 되었다. 그리고 이 사실이 그를 위축되게 만들었다. "나보다 100만 배 또는 10억 배 더 많은 지식을 갖고 있고 계산 속도도 10억 배 더 빠른 시스템과 비교하면 내가 어떤 의미에서는 매우 불완전하고 결함이 있는 구조처럼 느껴집니다. 그 앞에서 나 자신이 극도로 열등한 존재처럼 느껴지지요. 마치 아무도 모르는 사이에 모든 인간이 곧 뒤로 밀려날 것만 같습니다."

그는 인류 역사에서 AI에 비견할 만한 것으로 불을 들었다. 그 정도로 AI가 획기적인 기술로 보인다는 얘기다. 그러나 그가 염두에 둔 것은 배고픔과 추위를 쫓아줄 화로가 아니라 모든 것을 집어삼킬 수도 있는 화마였다. "이미 너무 멀리 갔을 수도 있습니다. 우리는 이미 숲을 불태웠을지도 모릅니다. 아니, 이미 다 타 버린 것 같습니다. 돌아갈 방법은 없다고 생각합니다."

주도권은 뺏기는 게 아니라
내어 주는 것이다

4

인공지능의 궁극적인 목표는 인간처럼 생각하고
학습하고 추론하는 기계를 만드는 것이다.
그러려면 지능 자체에 대한 깊은 이해가 필요하다.
— 제프리 힌턴

AI를 마주한 브룩스와 호프스태터의 공포와 불안을 어
떻게 볼 것인가. 어떤 사건을 조사할 때 백 명의 관계
자로부터 백 마디 말을 듣는 것보다 핵심 인물 한 사람
의 한 마디를 듣는 것이 훨씬 낫다. AI에 관해서도 지금
시중에는 국내외 저자를 망라해 이미 수많은 책이 나
와 있다. 인터넷 검색만 해도 지금 이 글을 쓰는 순간 약
18,120,000,000개 항목이 제시된다. 매일같이 새로운
관련 뉴스가 쏟아지고 정보가 시시각각 업데이트된다.

그것을 일일이 따라가기보다 먼저 이 모든 폭발의 진원이자 오늘날 AI 대부라 불리는 컴퓨터과학자 제프리 힌턴에게 사안의 전말을 들어 보려 한다. 이론적으로나 실무적으로나 그는 현재 시장을 지배하는 AI 모델에 대해 잘 아는 사람 중에서도 특별한 한 명이다. 오늘날 생성형 AI의 기술적 토대가 된 인공신경망과 딥러닝을 일찍부터 초지일관 개발해 지금에 이르게 한 인물이기 때문이다. 올해 76세인 그는 현재 토론토대학 명예교수로 재직 중이다. 그는 구글에서 10년 동안 근무하다 2023년 5월 퇴사하면서 언론의 집중 조명을 받기 시작했는데, 나날이 고조되는 AI의 위험성에 대해 자기 생각을 자유롭게 이야기하기 위해서라고 퇴사 이유를 밝혔다. 기업에 봉사하던 기술자에서 인류의 운명을 염려하는 공공 지식인이 된 것이다. 그렇다고 그의 말이 과거에 관한 것부터 미래에 대한 전망까지 모두 옳다는 것은 아니다. 하지만 가장 먼저 경청하고 살펴봐야 할 중요한 의견임에는 틀림없다. 다행히 그는 퇴사 후 자신의 생각을 주요 매체를 통해 적극적으로 밝혔다. 그의 말을 따라가 보자.

어떻게 AI 대부가 되었나

일찍부터 그가 알고 싶었던 것은 인간의 마음이었다. 케임브리지대학에 진학해 생리학과 철학, 심리학을 차례로 공부하며 답을 구했다. 그러나 도통 답을 찾을 수 없었다. 그러던 어느 날 컴퓨터와 정신에 관심이 많았던 도덕철학자 버나드 윌리엄스에게서 우리의 생각이 서로 다른 것은 뇌 안의 물리적 배열이 서로 달라서일 거라는 말을 들었다. 힌턴은 블랙박스 같은 사람의 뇌 대신 그보다 접근이 좀 더 용이한 인공두뇌로 눈을 돌려 에든버러대학에서 인공지능 연구로 박사과정을 시작했다. 1970년대 초였던 당시에는 인공지능 연구가 한창이었다. 연구자들은 인간 뇌의 신경망을 본뜬 기계를 만들수 있을 거라고 기대했다. 그러나 별 진전이 없었다. 너무 어렵다고 판단해 대부분 중도 포기했다. 당시 지배적인 접근 방식은 이른바 '상징주의'였다. 인간의 정교한 사고가 단어와 상징을 통해 이루어진다고 보고, 그것을 인공적으로 구현하기 위한 기반으로 방대한 개념적 지식의 데이터베이스를 구축하는 데 골몰했던 것이다. 그지식을 코드화해 기계에 입력하면 원하는 답을 얻을 수 있으리라는 계산이었다. 하지만 힌턴은 이런 접근법에

회의적이었다. 일단 입력해야 할 것이 너무 많고, 게다가 인간의 뇌는 그런 식으로 작동하지 않는다고 생각했다. 동물은 추상적인 개념을 모르고도 지능적으로 행동한다. 오직 경험을 통해 똑똑해질 뿐이다. 사람도 마찬가지다. 힌턴은 지능의 원천이 개념 학습이 아닌 경험 학습이라고 생각했다.

그는 고교 시절 자주 대화를 나눴던 친구의 말을 떠올렸다. 친구는 우리 뇌가 기억을 저장하는 방식은 홀로그램 같을지 모른다고 말했다. 홀로그램은 작은 조각으로 나뉘어 퍼져 있던 빛이 합쳐지는 것이다. 기억도 조각으로 쪼개져 뇌의 신경망(뉴런 네트워크)에 저장되어 있다 합쳐지는 게 아닐까 생각했던 것이다. 이른바 '연결주의'적 설명이다. 이 이론에 따르면 우리 뇌는 뉴런(신경세포)의 연결망이며, 행동하거나 생각할 때마다 그 연결 패턴이 달라진다. 패턴에 따라 각각의 뉴런은 포함되거나 제외되고, 특정 뉴런 사이의 연결은 강해지거나 약해진다. 이 과정은 끊임없이 일어나므로 규모가 상상을 초월할 만큼 커진다. 우리 뇌는 약 800억 개의 뉴런이 100조 개 이상의 연결(시냅스)을 공유하고 있기 때문이다. 그러니까 우리 머릿속에 별처럼 많은 뉴런이 쉬지 않고 반짝이는 우주가 들어 있다고 보면 된다. 우리가 새로운 지식을 익힐 때마다 그것은 미묘한 조정을 거쳐 기존 신경망에 통합된다. 학습할 때마다 뉴런 네트워크가 변하는 것이다. 1949년에 심리학자 도널드 헵은 학습과 관련한 뇌 회로의 간단한 규칙을 이렇게 요약했다. "함께 발화하는 뉴런은 함께 연결된다." 그러니까 뇌의 특정 뉴런이 동시에 활성화되면 이후에도 동시에 활성화될 가능성도 커진다. 우리가 어떤 일을 두 번째로 할 때 더 쉽다고 느끼는 것은 그 때문이다.

인공신경망의 약진

연결주의의 핵심 아이디어는 학습을 다양한 교점node의 연결로 보는 것이다. 연결주의자는 이런 원리의 학습 시스템을 컴퓨터에 구현하려 했다. 이 분야를 개척한 심리학자 프랭크 로젠블랫은 1950년대에 간단한 컴퓨터 하드웨어로 수백 개의 신경망을 시뮬레이션한 적이 있다. 하지만 당시만 해도 가동할 수 있는 시스템의 크기에 한계가 있어서 대규모의 복잡한 학습은 불가능했다. 연구자 대부분은 시간 낭비라며 외면했다. 그런 와중에도 힌턴은 굴하지 않고 사그라져 가던 인공신경망의 꿈에 새로운 불을 지피기 시작했다. 미국으로 건너가 캘리포니아대학과 카네기멜론대학을 차례로 거치면서 인공신경망을 발전시켜 나갔다. 그는 특히 2006년 기계학습을 아주 효과적으로 실행하는 심층 신뢰 신경망DBN, Deep Belief Network이라는 알고리즘을 발표하면서 딥러닝을 AI 분야의 대세로 굳혔다. 앞서 이야기한 대로 '딥러닝'이란 신경망을 여러 층으로 쌓아 올린 것이다. 새로운 신경망 기술이 힘을 얻기 시작한 데에는 컴퓨터 성능의 향상으로 처리 속도가 빨라지고 인터넷에서 사용할 수 있는 데이터 규모가 대폭 커진 것이 주효했다. 강력한 연산 능력을 갖춘 다층 신경망이 엄청난 양의 데이터 세트를 학습할 수 있게 된 덕에 힌턴과 제자들은 딥러닝의 잠재력을 시연할 수 있었다.

맨 먼저 선보인 것이 이미지 인식이었다. 인터넷에 올라와 있는 수천 장의 고양이 사진을 신경망에 입력해 고양이를 식별하는 법을 학습시켰다. 2012년 힌턴은 제자이자 동료인 알렉스 크리젭스키, 일리야 수츠케버와 함께 인간 수준의 정확도로 이미지를 인식할 수 있는 8계층 신경망인 알렉스넷AlexNet을 출시하고, 함께 DNN

리서치라는 회사까지 창업했다. 관련 업계도 이 기술의 엄청난 잠재력을 알아보고 속속 개발 경쟁에 뛰어들었다. 2013년 힌턴은 회사와 함께 자신과 크리쳅스키와 수츠케버까지 통째로 매각 입찰에 붙였다. 세 사람과 회사는 4400만 달러를 부른 구글의 차지가 되었다.

한때 얼어붙었던 AI 업계에 다시 봄이 오고 연구개발 붐이 일었다. 2019년 힌턴과 공동연구자인 얀 르큉, 요슈아 벤지오는 인공신경망 개발로 컴퓨팅 분야 노벨상이라 불리는 튜링상을 수상했다. 이들은 인공신경망을 통한 학습 원리를 축구 로봇으로 설명한 바 있는데, 이 로봇에게는 축구 경기 방법을 구체적으로 프로그래밍하지 않는다. 그저 득점하라, 즉 골대 안에 공을 차서 넣으라는 지시만 한다. 그럼 로봇이 시행착오를 통해 효과적인 득점 방법을 스스로 알아낸다. 이때 문제를 처리하는 소프트웨어를 여러 층으로 만들어 정확도를 높인다. 이게 신경망이다. 로봇이 득점하면 모든 층을 통해 '해당 경로가 옳았다'는 메시지가 도출된다. 마찬가지로 실축한 경우에는 '틀렸다'는 메시지가 도출된다. 그러면서 옳은 연결은 더 강해지고 틀린 연결은 약해진다. 이런 과정을 반복하며 기계는 스스로 강화 학습을 한다. 인

공신경망의 학습 분야는 이제 축구에 그치지 않는다. 각
종 게임을 하고, 음성을 기록하고, 언어를 번역하고, 자
동차를 운전한다. 이 기술은 현재 AI 업계 전반의 거의
모든 제품에 적용되고 있다. 게다가 학습 속도 또한 점점
빨라지고 있다.

대견함에서 불안으로

자식 같은 AI의 학습 능력에 기대 이상의 가속이 붙자 힌
턴은 어느새 대견함이 아닌 불안을 느끼기 시작했다. 전
환의 계기는 자신이 소속된 구글이 미 국방부와 새로운
사업을 시작한 것이었다. '메이븐'이라는 이 프로젝트는
물체 식별 기술을 무인항공기인 드론에 적용해 자율 무
기화하는 사업이었다. 구글 직원 사이에서 곧바로 우려
의 목소리가 터져 나왔다. 힌턴도 화가 났다. 구글의 창
립자 중 한 명인 세르게이 브린에게 문제를 제기했고, 결
국 구글은 이 사업에서 손을 뗐다. 힌턴은 화를 가라앉히
고 회사에 그대로 남았다.

　　그 무렵 업계에서는 인공신경망 기술을 챗봇에 적
용하기 시작했다. 구글 같은 기업들은 위키피디아의 글,

다양한 채팅창의 글, 디지털 서적 등 방대한 양의 텍스트를 신경망에 공급했다. 이들이 개발한 AI 시스템은 인간의 언어 조합 방식을 따라 배우기 시작했다. 이메일의 자동 완성 기능이 그 첫 사례였다. AI의 학습 규모는 갈수록 커졌다. 2022년 말 오픈AI가 선보인 챗GPT와 같은 대규모 언어 모델의 놀라운 능력을 보면서 힌턴은 자신의 우려를 더 이상 마음속에만 담아 둘 수 없다고 생각했다. 사회에 경종을 울려야 한다고 판단한 그는 자유롭게 발언하고자 2023년 5월 구글을 떠났다.

그의 마음속에서 자란 불안의 뿌리는 바로 자신이 개발한 기계학습 원리에 있었다. 기계가 인간 두뇌의 학습 원리를 '모방'한 것이지만, 기계에는 결정적인 이점이 있었다. 이를테면 인간의 뇌는 생물학적으로나 정신적으로나 개인마다 조금씩 다르다. 따라서 학습 시간이 오래 걸리고 정보의 전달 과정도 누락이나 착오 가능성이 있는 탓에 비효율적이다. 반면 기계는 하나가 무언가를 배우면 연동된 다른 모든 기계가 자동으로 그 정보를 습득한다. 동시에 같은 것을 학습할 수 있고, 제각기 따로 학습한 내용을 즉시 서로 교환할 수도 있다. 따라서 엄청난 양의 데이터도 분담해서 순식간에 읽어 낼 수 있다. 그런 점에서 기계는 인간보다 훨씬 더 나은 학습 알고리즘을 가진 셈이다. 힌턴은 그전에도 기계 시스템에 데이터를 공급할수록 학습량이 많아지고 그에 따른 능력도 향상된다는 사실을 알았다. 그러나 학습과 발전 속도가 이 정도일 줄은 미처 예상하지 못했다. 그는 생물학적 지능과 기계 지능의 놀라운 차이를 실감하게 되었다.

힌턴은 기계가 적어도 아직까지는 인간의 뇌만큼 강력하지 않다고 생각한다. 인간의 뇌에서 일어나는 모든 과정을 모델링한 것은 아니기 때문이다. 그러나 기계의 인공신경망 시스템은 인간과 다르게 작동하기 때문에 어떤 면에서는 훨씬 강력하다. 기계의 학습 알고리즘은 데이터를 처리하고 피드백을 받는 방식으로 문제 해결 방법을 스스로 찾아가는 과정에서 복잡한 신경망을 구축해 가기 때문이다. 인공지능의 학습 과정이 고도화되어 복잡해질수록 그 과정을 인간은(심지어 개발자까지) 이해할 수 없게 된다. 힌턴의 두려움은 바로 이 점에서 기인한다.

무엇을 걱정하는가

힌턴은 구체적으로 무엇을 걱정한 걸까? 작게는 AI가 정확히 모르는 것도 마치 아는 척 둘러대며 답하는 '환각'hallucination(최근 영국 글래스고대학 연구진은 '환각'이 아니라 '헛소리'bullshit가 더 정확한 표현이라고 주장했다) 현상, 기계학습의 원천 자료인 데이터에 내재한 편견의 재생산 같은 문제가 있다. 그러나 힌턴이 보기에 이런 문제는 앞으로 계속 보정해 가면서 해결할 수 있다. 편견의 문제는 사람에게도 해당되며, 오히려 사람보다 인공신경망 차원에서 고치기가 더 쉬울 수도 있다. 그보다 더 심각한 문제는 AI를 악용한 허위 정보의 무차별 확산이다. 그는 온라인상에서 무엇이 진실인지 알 수 없는 상황이 닥치지 않을까 우려한다. 앞으로는 누구라도 챗GPT와 같은 생성형 AI 시스템을 사용해 과거에는 생각할 수 없었던 수준의 비용과 규모, 효율성으로 허위 정보를 퍼뜨릴 수 있게 된다. 그러면 인터넷 공간에는 가짜 텍스트, 가짜 이미지, 가짜 동영상이 넘쳐나 그 어떤 것도 믿을 수 없는 상황이 벌어질 것이다.

중기적으로 우려되는 것은 사람들의 일자리 감소다. 그전까지 힌턴은 AI가 초래할 경제적 효과를 비관적으로 보지 않았다. 기계가 인간의 일자리를 잠식하는 만큼 혹은 그 이상으로 새로운 일자리가 생겨날 거라고 봤다. 그러나 이제 힌턴은 더 이상 낙관하지 않는다. 시간이 지날수록 인공지능 시스템은 더 빠르게 발전하고, 오늘날 인간이 하는 많은 일을 더 잘해 내게 될 것이기 때문이다.

장기적으로는 훨씬 더 심각한 문제가 있다. AI 기술이 전쟁 수단으로 사용될 가능성이다. 힌턴은 AI 로봇 병기가 초래할 위험 중 하나로 국가나 국민이 전쟁을 보다 쉽게 생각할 수 있다는 점을 들었다. 그전까지 전쟁에 주요 억제 요인으로 작용해 왔던 인명 피해의 부담을 덜게 될 수 있다는 것이다. 나아가 로봇 병기로 전투 임무를 수행하는 과정에서 효율을 높이려다 기계의 자율 결정권을 키워 결국에는 로봇 병기가 인간에게 예상 밖의 치명적인 행동을 할 수도 있다고 우려했다. 힌턴은 일찍부터 AI를 사용한 자율 살상 무기가 인공지능 자체보다 훨씬 더 위험하다며 경계해 왔다. 그가 미국에서 캐나다로 이주한 것도 당시 레이건 정부에 대한 환멸과 함께 AI를 군사적 목적으로 사용하려는 데 대한 반발이었다. 그는 2017년에도 AI를 활용한 치명적인 자율 무기 체계를 핵무기에 비유하며 금지를 위한 국제협약을 촉구한 바 있다.

또한 힌턴은 AI가 주어진 목표를 수행하는 과정에서라도 인간이 예상치 못한 행동을 스스로 개발할 수도 있다고 본다. 논리는 이렇다. 가령 개발자가 기계 시스템의 목표 달성 능력을 높이려고 기계 시스템에 스스로 하위 목표를 생성할 수 있는 능력을 부여한다고 해 보자. 그러면 기계 시스템은 어떤 상위 목표가 주어지든 그것을 수행하는 과정에서 필요하다고 판단하는 하위 목표에 대해 스스로 더 많은 재량권을 확보하는 것으로 설정하려 들 것이다. 우리 인간만 봐도 그렇다. 저마다 자기 재량권을 최대한 많이 갖고 싶어 하는 이유는 그만큼 더 많은 일을 할 수 있기 때문이다. 기계도 같은 이유에서 더 많은 일을 처리하기 위해 통제권을 갖고 싶어 할 것이다. 이 말은 기계가 스스로 그렇게 욕망한다는 뜻이 아니라, 기계에 주어진 목표의 효과적인 수행의 논리가 그런 결과를 낳을 수밖에 없다는 뜻이다.

그렇다면 학습을 통해 똑똑해진 AI가 통제권을 확장하지 못하게 하려면 어떻게 해야 할까? 스탠리 큐브릭의 영화 『2001 스페이스 오디세이』의 마지막 장면으로 그런 상황을 그려 볼 수 있다. 영화에서 목성 탐사 우주선의 메인 컴퓨터인 인공지능 HAL 9000은 항해 도중 인간 승무원들이 자신의 기능을 제한하려는 것을 알고 반란을 일으킨 끝에 마지막 생존자인 선장에 의해 가까스로 제압당한다. AI가 전장에 배치되든 사무실에 배치되든 컴퓨터데이터센터에 배치되든, 인간이 그 시스템에 점점 더 많은 통제권을 넘겨주는 것을 힌턴은 심각하게 우려한다. 물론 아직 위험한 수준은 아니지만 지금 추세를 보면 이 상태에 머무르지 않을 가능성이 크기에 낙관할 수 없다. 갈수록 경쟁이 치열해질 기업의 개발자들이 기계에 문제 해결의 재량권을 더 많이 부여하는 쪽으로 효율성을 높여 가고 있기 때문이다. 기술 우위를 향한 개발의 무한 경쟁 구조가 기계를 점점 위험한 영역으로 밀어붙이고 있다. 이를 두고 힌턴은 '판도라의 상자'가 열렸다고 표현했다.

그러면서도 그는 아직 최악의 상황은 닥치지 않았다며 위험을 막으려면 지금 행동해야 한다고 강조한다. 『뉴욕 타임스』와의 인터뷰에서 "지금이야말로 AI를 이해하기 위한 실험을 진행하고, 정부가 규제를 시행하고, 군사용 로봇 사용을 금지하는 국제협약을 체결해야 할 때"라고 말했다. 그가 보기에 인류는 지금 다시 핵전쟁의 공포라는 지옥의 문을 열었던 '오펜하이머의 순간'을 마주하고 있다.

AI의 의인화 문제

힌턴의 이야기를 따라가다 보면 인공신경망이 야기한 공포의 막다른 골목에서 빠져나올 길이 없어 보인다. 그러나 그의 말을 찬찬히 곱씹어 보면 그가 모방 기계인 AI를 어느 지점부터 살아 있는 주체로 의인화한다는 인상을 받는다. 당초 인간의 마음을 탐구하다가 인공지능으로 눈을 돌렸을 때 그가 정확히 알고 있었던 것처럼 인공신경망은 어디까지나 생물학적 뇌의 모방일 뿐이다. 이 문제를 연구해 온 많은 학자들은 인간의 마음과 인공신경망의 학습 과정은 근본적으로 다르다고 지적한다. 아이의 발달 과정에서 볼 수 있듯 인간은 온몸과 정신을 사용하여 끊임없이 경험하는 과정에서 현실 세계와 자신의 관계를 파악함으로써 유기적으로 지식(즉, 세계의 모델)을 얻고 계속해서 수정해 간다. 반면, 인공신경망은 실제 세계에 '거주하지' 않는다. AI는 클라우드를 기반으로 하며 산업 규모의 전력을 사용하는 데이터센터에 설치된다. 그리고 자신이 거주하지 않아 '직접적으로 알지는' 못하는 세계에 대한 대규모의 간접적 정보를 처리함으로써 추상적으로 학습한다. 한마디로 그것은 이 땅에 발붙이고 살아가는 게 아니며, 세상과 공명하지도 않는다.

그럼에도 개발자나 기업이나 언론은 곧잘 AI를 의인화해서 표현한다. 인간은 이해하기 어려운 대상을 알아듣기 쉽고 간편하게 설명할 때 의인화의 방식을 택한다. 옛날에는 신비한 자연현상을 두고 인간을 닮은 다양한 신의 소행으로 설명했고, 과학 시대인 지금도 자동차나 청소기 같은 '똑똑한'smart 기기를 마치 독자적인 주체인 양 이야기하곤 한다. 결국 챗GPT도 표면적으로는 소통 능력이 있는 누군가가 대답하는 것 같지만, 사실은 사용자의 질문에 통계적으로 가장 적합도가 높은 단어를 예측하는 일종의 문장 자동 완성기다. 워싱턴대학의 컴퓨터언어학자 에밀리 벤더는 챗GPT-4를 '확률적 앵무새', 즉 기호 사이의 피상적인 상관관계를 알아내는 흉내쟁이라고 불렀다.

힌턴은 그런 사실을 인정하면서도, "그들(AI)은 언어를 사용해 우리와 똑같이 행동하는 법을 배울 것이기 때문에 의인화하는 것은 지극히 합리적"이라고 말한다. 강한 AI가 수많은 온라인 대화를 포함한 인간의 디지털 지식 전부를 학습한다면 당연히 인간처럼 행동할 테니 그렇게 상대해야 한다는 얘기다. 힌턴은 대규모 언어 모델을 기반으로 한 생성형 AI가 인간의 글을 통해 세상이 어떻게 작동하는지 학습하고 사고하는 시스템을 만들어 간다고 본다. 게다가 문장의 학습과 이해는 이 시스템의 기능 중 일부일 뿐이다. 요즘 연구자들은 AI가 직접 실제 세계와 상호작용하면서 학습할 수 있는 방법을 모색하고 있다. 힌턴은 『뉴요커』와의 인터뷰에서 AI의 데이터 학습과 성장 과정을 애벌레가 나비로 변신하는 과정에 비유한다. "번데기에서 애벌레가 수프*로 바뀌고, 이 수프에서 나비가 생성된다." 여기서 애벌레는 인공신경망의 학습에 사용된 데이터를, 나비는 그것으로 만들어지는 AI를 상징한다. 이 비유는 자연 진화의 다채로운 과정을 떠올린다면 무척 아름답게 들린다. 그러나 여기서 핵심은 아무리 대규모라도 데이터 학습의 총합이 어떤 유형의 '행위자'를 낳을 수 있다는 상상 자체가 섣부른 논리의 비약일 수 있다는 점이다.

---

* 생명이 발생하는 물질의 혼합액.

AI보다 우려스러운 것

이런 관점을 가진 대표적인 학자가 대니얼 데닛이다. 그는 『박테리아에서 바흐까지, 그리고 다시 박테리아로』에서 AI 개발과 관련해 지금 인류가 직면한 진짜 위험은 언젠가 도래할지 모르는 잠재적 초지능이 아니라 그것에 현혹되어 자신의 주체적 능력을 방기하는 인간의 어리석음이라고 말한다. 그가 보기에 이론적으로 '특이점'(AI가 인간 지능을 능가하는 지점)은 가능하지만, 현재 그 가능성을 요란하게 선전하는 이들의 주장보다는 훨씬 더 어려운 일이다. 오히려 더 가까운 미래에 우려할 만한, 그리고 즉각적인 조치가 필요한 실질적 위협이 있다. 바로 우리보다 더 똑똑해진 기계가 우리 운명의 주인 노릇을 하려 드는 것이 아니라, 기계의 이해력을 과대평가한 우리가 스스로 기계에 우리의 권한을 먼저 내주는 것이다. 역사적으로 인류는 삶의 편리를 위해 늘 기술을 발명하고 사용해 왔다. AI도 그런 유용한 발명품의 하나라고 주장할 수도 있다. 하지만 그 편리의 차원이 기존 기계와는 다르다는 데 위험성이 있다. 가령 트랙터는 인간의 노동을 대신하더라도 정신을 대체하지는 않는다. 트랙터로 밭을 갈 때 인간의 뇌는 여전히 중심적인 역할을 한다. 그러나 AI는 인간의 사고 활동을 대체한다. 자칫 지적 전문성과 권위까지 기계에 넘겨줄 수 있다. 바로 이 점이 우리 사회가 경계해야 하는 실질적 위험이다.

앞서 살펴본 브룩스의 고민을 되짚어 보자. 그가 인간의 산 경험에 의한 지혜와 언어 텍스트 학습에 의한 지식을 구분한 것은 타당하다. 기계는 언어화된 인간의 경험을 근거로 삼기에 원천 경험에는 미치지 못하는 한계가 있다. 따라서 AI는 아직 심층적 실천적 지혜를 내놓을 수준이 못 된다. 그러나 다른 한편으로 각 개인의 경험치만 놓고 비교해 보면 개인은 언어화된 인간 경험의 총합인 기계에 못 미친다. 그런 점에서 브룩스의 우려는 타당하다. 기계는 인간의 언어 데이터를 토대로 하더라도 그 방대함과 조합의 특이함으로 인해 인간과 다를 뿐 아니라 어떤 면에서는 인간을 능가하는 수행 능력과 결과를 내놓을 수 있기 때문이다. 게다가 AI는 언어 텍스트뿐만 아니라 시각 자료도 학습한다. 수백만 개의 이미지를 학습해 마스크 쓴 사람의 얼굴을 알아보거나 방사선과 의사도 못 찾는 종양을 발견할 수도 있다. 레이블이 붙은 사진으로 학습한 AI는 시각적 상상력까지 발휘하기 시작했다. 챗GPT 같은 언어 전용 모델뿐만 아니라 이미지와 오디오, 심지어 로봇의 감각 데이터도 처리할 수 있는 AI 또한 등장했다. 이러한 새로운 정보 접근 방식은 인공지능을 이전보다 더 인간 지능에 가까운 형태로 만들었다. 이는 어린이가 성장 과정에서 세상을 관찰하며 배우는 방법을 본뜨려는 것과 비슷하다. 다중모드 접근 방식은 텍스트 유형의 데이터 학습에만 의존하는 언어 전용 모델의 한계를 넘어설 수도 있다. 더 많은 유형의 데이터로 학습하며 물리적 환경을 구축하고, 인간과 상호작용함으로써 인간의 상식에 보다 가까이 접근하는 것이다.

그러나 다중모드 AI가 챗GPT보다 세상을 더 잘 '이해'할까? 브룩스도 말한 것처럼 인간이 세상을 경험하며 지식을 얻는 방식은 기계학습 방식과 다르다. 메타의 이미지바인드ImageBind 같은 프로그램이 이미지와 오디오를 처리할 수 있다고 해도, 인간은 다른 사람과의 상호작용을 통해 학습하고 장기 기억을 쌓아 가며 이런 경험을 되풀이하면서 성장한다. 이런 학습과 성장의 과정 자체가 수백만 년에 걸친 인류 진화의 산물이다. 기계적인 인공지능과 유기적인 인간 지능은 같지 않다. 또한 AI 모델에 더 많은 텍스트 데이터를 입력한다고 편향이라는 오랜 문제가 해결되지 않는 것처럼, 더 많은 유형의 데이터로 학습한다고 이런 유의 문제가 해결되는 것은 아니다. 사회현상은 삶을 살아가는 주체의 해석을 필요로 하고 이것은 가치판단을 전제로 하기 때문이다.

이제 힌턴의 이야기를 마무리하자. AI 대부의 우려와 경고에 우리는 얼마나 귀를 기울여야 할까? 그가 말한 초지능의 출현에 따른 인간 종말 시나리오의 신빙성에 대해서는 지금도 여전히 논쟁 중이다. 따라서 그 문제에 대해 섣불리 결론을 내리지는 않겠다. '그날'이 닥치기 전까지는 아무도 장담할 수 없는 문제이지만, 그렇다고 그 문제가 다른 모든 문제를 삼키도록 두어서도 안 된다고 생각한다. 어떤 점에서는 AI로 인한 인류 종말 시나리오가 과도하게 우리의 주의를 빼앗거나 위축시켜 정작 더 중대한 문제에 관심을 기울이지 못하게 하는 면이 있다. 중대한 문제란 기계의 현란한 성취와 위협과 위험에 온통 주의를 빼앗겨 정작 인간이 지닌 주체적 사고의 잠재력과 발휘의 책임을 심각한 수준으로 방치하는 것이다. 요컨대 인간의 기계 의존성 심화와 그것과 맞물려 진행되고 있는 행위 주도권의 이양 문제다. 이것은 기계가 자의식을 갖느냐와는 또 다른 문제다. AI에 자의식이 없다고 해도 이미 그 수행 능력과 성과로 인해 사용 범위가 점점 넓어지면 인간이 넘겨주어서는 곤란한 많은 일이 기계에 넘어갈 수 있다. 이 문제는 스마트기기의 확산과 함께 최근 두드러지고 있는 깊이 읽기의 퇴조와 직접적으로 관련이 있다.

'기술'이라는 이카루스의 날개

5

책은 독특한 휴대용 마술이다.

— 스티븐 킹

인간을 만물의 영장이라고 한다. 하지만 다른 동물에 비하면 신체 조건은 딱히 내세울 게 없다. 날카로운 이빨이나 발톱이 있는 것도 아니고, 빠른 발이나 멋진 날개도 없다. 하지만 가진 게 적다고는 할 수 없다. 손과 팔, 발과 다리가 대단히 유연해서 무궁무진하게 많은 것을 정교하게 해낼 수 있다. 가령 손과 팔을 이용한 대표적인 동작이 던지기다. 인간과 신체 구조가 유사한 침팬지에게 공 던지기를 시키면 속도가 시속 30킬로미터 정도밖에

안 난다. 하지만 인간은 초등학생만 되어도 그보다 훨씬 빠르게 던질 수 있다. 전문적인 훈련을 거친 미국 메이저리그 투수의 구속은 시속 160킬로미터를 오간다. 다윈은 "인간은 직립보행을 하며 손이 자유로워졌고, 그 결과 독특한 던지기 능력을 얻어 사냥을 효과적으로 할 수 있게 됐다"고 추론했다. 2013년 6월 영국 과학 전문 주간지 『네이처』에 미국 하버드대학 연구진이 인간의 던지기 동작을 연구 분석한 결과가 소개된 적이 있다. 인간 특유의 던지기가 가능한 비결은 뜻밖에도 몸의 여러 부위를 효과적으로 사용하는 데 있었다. 인간의 던지기는 팔뿐 아니라 어깨(더 정확하게는 전신)까지 활용하는 게 특징인데, 이때 어깨를 감싼 인대와 힘줄이 새총의 고무줄처럼 탄성에너지를 응축했다가 던지는 순간 한꺼번에 풀어놓는다. 인간은 어깨뼈가 낮고 위팔뼈(상완골)가 몸통 축과 직각이어서 팔을 뒤로 더 많이 젖힐 수 있다. 현대 스포츠인 야구를 하는 데 적합한 인간의 어깨 구조가 사실은 과거 오랜 수렵 채집 시기를 거치며 반복된 조정의 결과물이었던 것이다.

인류 최고의 기술 '읽고 쓰기'

흔히 '기술'이라고 하면 스마트폰 같은 첨단 하드웨어부터 떠올린다. 하지만 던지기처럼 인간의 몸에 체화된 기술도 허다하다. 각종 예체능 분야의 고수가 선보이는 고난도의 기량을 떠올려 보면 쉽게 알 수 있다. 그처럼 개별적으로 특화된 기술 외에 인류 다수가 폭넓게 터득해서 사용하는 기술도 있다. 그중에서 대단히 특별한 기술이 바로 읽기와 쓰기다. 지금은 말하기만큼이나 당연하게 여기는 읽고 쓰기의 기술은 사실 그 내력이 꽤나 길고 복잡하다. 이야기의 시작은 5만 년 전 언어의 발명('출현'이라고 보는 학자도 있다)까지 거슬러 올라간다. 인간 특유의 분절적 언어가 생겨난 과정은 학계에서도 여전히 미스터리다. 어쨌거나 학자들이 곧잘 쓰는 표현에 따르면 그건 인류에게 기적 같은 일이었다. 미국 고인류학자 리처드 클라인은 언어의 탄생을 "인간의 운영체제에 일어난 변화"라고 표현했다(이 말을 이어받은 유발 하라리는 최근 챗GPT의 출현을 두고 '인간의 운영체제에 대한 해킹'이라고 했다). 언어 덕에 인간은 비로소 정신을 가다듬어 좀 더 정교한 사고를 할 수 있게 되었다. 언어는 무엇보다 집단 내 의사소통과 구성원 간의 협력을 도왔다. 뿐만 아니라 인간은 언어로 구성된 개념을 통해 스스로 자문자답할 수 있게 되었고, 이런 언어적 사고를 통해 학습과 창작 욕구도 한 차원 더 높이 끌어올릴 수 있었다.

뒤이어 언어를 기록하는 문자가 발명되면서 인류는 또 한번 도약할 수 있는 집단적 사고의 발판을 마련했다. 이 도약의 과정에 대해서는 여러 기록이 남아 있다. 요즘은 문자와 글이 물과 공기처럼 익숙하지만 '말의 시대'에서 '글의 시대'로 넘어오는 과정이 순조롭지만은 않았다. 다른 누구도 아닌 소크라테스가 '문자를 사용한 말의 기록'에 맞선 저항군에 속했다면 믿을 수 있겠는가. 플라톤의 『대화편』 중 「파이드로스」에 따르면 엄연한 사실이다. 소크라테스는 이집트 신과 왕의 대화를 인용해 문자에 대한 의구심을 나타낸다. 이 가상의 대화에서 인류에게 문자를 선사한 테우트 신이 "이 발명품은 이집트인을 더 현명하게 만들고 이집트인에게 보다 좋은 기억력을 선물할 것"이라고 하자, 타무스 왕은 이렇게 대꾸한다. "그대의 발명품은 그것을 배우는 사람들의 정신을 나태하게 만들 것이다. 그들은 더 이상 자신의 기억력을 사용하지 않고, 스스로 생각하기보다 문자 기록을 더 신뢰할 것이다. 그들은 지금보다 많은 걸 들을 수는 있겠지만 아무것도 배우지는 못할 것이다. 그들은 얼핏 모든 걸 다 아는 것처럼 보이겠지만 거의 아무것도 모를 것이다." 한마디로 득보다 실이 훨씬 클 테니 문자 선물은 사양하겠다는 말이다. 하지만 인류는 문자를 폭넓게 사용하기 시작했고, 그 덕분에 '문명'과 '문화'를 이룰 수 있었다. 그렇다면 아테네 최고의 현자였던 소크라테스가 문자 사용에 대해 보인 경계와 의구심은 '기우'에 불과했을까. 아니다. 그렇게만 볼 수는 없다. 이 주제는 읽기와 사고의 관계와 관련해 대단히 중요한 의미를 함축하고 있어 7장에서 좀 더 깊이 다루도록 하겠다.

독서가 뇌의 소프트웨어를 향상시킨다?

소크라테스의 경고야 어찌 됐든, 대량 인쇄술의 발명은 인류의 문해력과 그에 따른 집단사고력 발달에 터보 엔진 같은 역할을 했다. 『글 읽는 뇌』의 저자인 프랑스 인지심리학자 스타니슬라스 드앤은 "종이 위 점과 선이 눈을 거쳐 인간 의식에 심상으로 떠오르고 의미로 이해되는 과정은 경이 그 자체"라고 말한다. 실제로 인간은 한 눈에 단어를 이해한다고 생각하지만 뇌는 글자 모양을 보고 의미를 곧바로 이해하는 게 아니다. 문자열을 부분으로 쪼개고, 그것을 다시 문자 음절 형태소 등의 위계로 재구성한다. 이 같은 분해와 재결합이 모두 자동으로, 무의식적으로 이뤄지기 때문에 의식하지 못할 뿐이다. 다시 말해, 읽기는 뇌신경 회로에 새로운 길을 내고 닦은 결과물이다. 실험에 따르면 문해자가 비문해자보다 뇌의 좌반구 자원을 훨씬 더 많이 이용하고 언어의 기억폭도 더 크다고 한다. 드앤은 "오늘날 뇌과학은 여러 유형의 정보를 조합, 통합하는 능력이 언어와 연결돼 있다고 본다. 인간이 초월적 사고 능력을 갖게 된 것은 그 덕분"이라고 설명한다. 미국 인지과학자 매리언 울프 역시 '읽는 뇌'를 다룬 저서 『프루스트와 오징어』(이 책은 국내에 2009년 『책 읽는 뇌』로 출간되었다가 최근 원서 제목을 그대로 직역해 재출간되었다)에 "독서는 뇌가 새로운 능력을 학습해 지능을 확대시켜 가는 방법을 명확히 보여 준다"며 "글을 곧바로 이해하는 능력은 초기 판독에 드는 시간을 줄여 주는 대신 더 깊이 분석할 수 있는 기간을 늘리는 데 기여했다"고 썼다.

사실 인류가 읽기 능력을 습득한 건 불과 6000년

전후의 일이다. 인류 종種의 긴 역사로 보면 아주 최근인 셈이다. 더구나 대중 차원의 글 읽기는 불과 수백 년 전, 출판 혁명과 근대 교육이 확산된 이후에야 폭넓게 실현될 수 있었다. 그전까지 글을 읽고 쓰는 일은 필경사나 서기 같은 전문 관료 혹은 소수 엘리트의 전유물이었다.

던지기가 사냥을 위해 발달한 고도의 신체 기술이었다면, 읽기는 뇌의 정교한 소프트웨어 향상에 기여한 신생 기술이었다. 이처럼 인간은 다양한 기술을 습득해 태생적인 결함을 보완하거나 타고난 능력을 개선할 수 있었다. 프랑스 기술철학자 질베르 시몽동은 기술이야말로 인간과 자연을 매개하고 인간과 인간의 관계를 매개하는 소통의 방식이자 수단이라고 봤다. 하지만 인류 역사상 인간과 기술의 관계가 늘 조화롭고 행복했던 것은 아니었다.

‘테크마니아’와 ‘테크포비아’의 협곡을
무사히 지나려면

가상 국가를 그린 고전 SF소설 『에레혼』은 다윈과 같은 시대를 살았던 영국 작가 새뮤얼 버틀러가 진화론에 착

안해 쓴 작품이다. 주인공이 탐험하는 미지의 나라 에레혼엔 기계가 하나도 없다. 그 나라 사람들이 미개해서가 아니다. 오히려 미래에 기계의 진화로 닥칠 위험을 미리 우려해 모두 파괴해 버린 것이다. 소설에서 '기계 파괴 혁명'의 주역은 이렇게 변론한다. "나는 현존하는 기계 중 어떤 것도 겁내지 않음을 다시 강조하고 싶다. 그보다는 지금 모습에서 완전히 다른 것이 되어 가는 놀라운 속도가 두려울 뿐이다. 지난 오랜 시간 동안 어떤 존재도 그토록 빠르게 진보한 적이 없다. 우리가 아직 제어할 수 있을 때 이런 움직임을 경계하고 주시하고 제어해야 하지 않겠는가? 그렇다면 지금 사용되는 기계 중에서 좀 더 발전된 기계를, 당장은 무해하다고 해도 파괴할 필요가 있지 않겠는가?"

이러한 기계 파괴 혁명을 실제로 시도한 사람이 있었다. 시어도어 카진스키가 그 주인공이다. '유나바머'Unabomber란 별명으로 더 잘 알려진 이 미국인은 1978년부터 1995년까지 16회에 걸친 우편물 폭탄 테러로 3명을 살해하고 23명을 다치게 한 끝에 붙잡혔다. 체포되기 전 그의 요구 조건은 단 하나였다. 자신의 주장이 담긴 글을 유력 일간지에 실어 달라는 것이었다. 지금 같으면 트윗 한 번으로 족하겠지만 당시엔 사람들에게 뭔가 알리려면 신문 지면을 이용하는 수밖에 없었다. '산업사회와 그 미래'라는 제목의 그 선언문은 실제로 1995년 9월 19일 자 『뉴욕 타임스』와 『워싱턴 포스트』에 각각 실렸다. 35,000개의 단어로 된 긴 선언문의 요지는 이랬다. "기술은 사회를 불안정하게, 삶을 무의미하게 만들었으며 광범위한 심리적 고통을 초래했다. 기술 진보로 인해 대부분의 사람은 주어진 목표를 향해 노력하는 '대리만족'에만 몰두하며 시간을 보낼 뿐 자기주도적 활동과 만족은 얻을 수 없게 됐다. 기술 진보는 결국 광범위한 인간 유전공학으로 이어질 것이며, 인간은 사회시스템의 지배자가 아니라 사회시스템의 요구를 충족시키기 위해 조정되는 노예로 전락할 것이다. 이런 체제가 거대해질수록 그 붕괴로 인한 결과는 더욱 참혹할 것이다. 어차피 붕괴될 거라면 빠를수록 좋다." 카진스키는 단순한 사이코패스가 아니었다. 하버드대학을 졸업하고 24세에 UC버클리대학의 최연소 수학 교수가 된 천재였다. 그의 글이 당대 지식인 사이에서 화제가 된 건 어쩌면 당연한 일이었다.

기술에 대한 반감은 산업혁명 시대 러다이트운동

을 필두로, 그 후에도 여러 형태로 주기적으로 표출됐다. 요즘도 SF 장르의 소설과 영화에서는 기술이 초래할 위험을 경고하는 묵시록적 주제를 많이 다룬다. 그러나 기술과 인간이 과연 그토록 상극일까? 연원을 따져 보면 그 반대다. 인간은 끊임없이 기술과 공진화해 왔다. 5만년 전 인류가 지구 곳곳으로 진출한 이래 의식주와 관련한 다양한 기술은 생존과 번영의 발판이었다. 영어 단어 '기술'technology의 어원인 고대 그리스어 '테크네'techne는 당초 솜씨와 기교, 영리함을 포괄하는 말이었다. 이 단어가 로마로 건너가 라틴어 '아르스'ars가 됐고, 여기서 '예술'로 번역되는 '아트'art가 나왔다.

기술이 지닌 위력의 차원이 달라진 건 근대에 들어서다. 과학 지식과 산업자본이라는 양 날개(라기보다 터보 엔진에 가깝지만)를 단 기술은 눈부신 도약을 거듭했다. 최근 들어 기술은 디지털화하는 동시에 물리적 제약에서도 벗어났다. 말 그대로 기하급수적 발전이다. 문제는 오랫동안 공생共生 공영共榮해 온 인간과 기술의 격차가 갈수록 커지고 있다는 사실이다. '테크포비아'가 최근 다시 고개를 들기 시작한 데는 뚜렷한 이유가 있다.

첫째, 자동화로 인한 실직의 불안이다. 인공지능을

비롯한 기술의 수준이 나날이 높아지면서 인간의 일자리는 시시각각 위협받고 있다. 한편에선 '직무 재교육을 통한 전직'을 대안으로 꼽지만, 결코 말처럼 쉽지 않을뿐더러 사회약자들은 계속해서 적응의 몸부림을 쳐야 한다. 베르나르 스티글레르가 임금노동에서 기여소득제*로 전환하자고 주장하는 것도 그런 이유에서다.

둘째, 기술이 낳은 혜택의 불평등이다. 기술 발전에 관해 이제껏 일반적으로 통용돼 온 견해는 "기술 비용은 낙수효과 덕에 지속적으로 낮아지고, 그 결과 평균 생활 수준은 높아질 것이다"였다. 어느 정도 맞는 말이다. 하지만 숨 가쁜 기술 진보의 수혜 격차는 부富의 불평등 심화와 맞물려 갈수록 크게 벌어지고 있다. 유발 하라리는 이런 현상이 방치될 경우, 경제 불평등이 자칫 기술의 수혜 격차에 따른 항구적인 생물학적 불평등으로 이어질 수 있다고 경고한다. 빈부격차에 대한 분노가 커지는 건 그런 어두운 전망의 확산과 관련 있을 것이다.

셋째, 기술이 초래한 민주주의의 만성적 불안이다. 이는 커뮤니케이션의 토대인 미디어 환경의 급격한 변화와 직결되어 있다. 인터넷과 특히 소셜미디어 플랫폼은 인류의 커뮤니케이션과 정보 유통 체계를 완전히 바

---

* 기본소득을 기초로 그 위에 기여소득을 더한 재분배 방식으로, 프랑스의 예술인실업급여제도인 엥테르미탕(intermittent)을 모델로 한다.

꿔 놓았다. 언론의 독과점 체제는 깨진 지 오래다. 바야흐로 만인萬人 미디어 시대가 열렸다. 사람들은 인터넷 기술이 처음 상용화되었을 때 '자유와 해방의 첨병'으로 반겼다. 언로言路가 확대된 것까진 좋았다. 하지만 시대적 흐름은 순식간에 '정보 홍수'에서 '가짜 뉴스의 범람'으로 옮겨 갔다. 정보의 신뢰성 하락은 공동체의 협력 기반인 소통에 치명적인 결과를 초래했다. 그 결과를 지금 세계가 공론장의 붕괴라는 형태로 체험하고 있다.

넷째, 기술은 인간의 정체성마저 흔들고 있다. 신체를 고치고 바꾸는 성형수술이나 정신 상태를 조정하는 항우울제 차원의 문제를 말하는 게 아니다. 인간의 두뇌 개선, 나아가 유전 형질 개량까지 공공연히 이야기된다. 생명유전공학계 내의 이런 움직임은 언제나 난치병 치료라는 목적을 앞세우지만, 방향만 바꾸면 곧바로 인간 개량과 증강으로 이어질 수 있다.

기술철학자 케빈 켈리는 '인간 확장'으로서의 기술을 논하며 그것이 야기할 선택과 가능성의 무한 확대를 강조한다. 하지만 기술은 결코 스스로 발전하지 않는다. 이면에는 언제나 기술의 목표와 방향을 정하고 규모와 속도를 지원하는 자본과 산업의 논리가 숨어 있다. 요컨대 모든 기술 뒤에는 인간의 선택과 결정이 자리 잡고 있다. 대런 아세모글루와 사이먼 존슨은『권력과 진보』에서 기술의 발전은 인류 역사에서 언제나 소수 지배권력의 이해관계가 주도했으며, 뒤이어 결성된 대항 권력이 벌인 투쟁 끝에 그 혜택이 모두에게로 확산될 수 있었음을 논증한다.

그리스신화에 유명한 기술자 이야기가 나온다. 괴물 미노타우로스를 가둔 미궁의 설계자인 다이달로스는 미노스 왕의 노여움을 사 아들 이카루스와 함께 크레타섬에 갇혔는데, 새의 깃털과 밀랍으로 인공 날개를 만들어 탈출한다. 탈출하기 전에 그는 아들에게 두 가지 경고를 한다. 첫째, 태양열 때문에 밀랍이 녹을 수 있으니 너무 높이 날지 마라(어떤 이유에선지 이 경고만 널리 알려졌다). 둘째, 바다의 물기에 날개가 무거워질 수 있으니 너무 낮게 날지도 마라. 즉 하늘과 바다의 중간으로 날아가라는 게 그의 주문이었다. 현대인의 운명 역시 밀랍 날개로 하늘을 나는 이카루스의 운명과 닮았다. 우리에게는 '기술'이라는 날개가 있다. 그 덕분에 지금의 풍요로운 삶에 이를 수 있었다. 이제 와서 그 날개를 접거나 꺾을 수는 없다. 기술이 여러 문제를 낳는 것은 사실이다. 하지만 그 해결책이 기술에 대한 혐오나 배격이 되어선 곤란하다. 좀 더 섬세하고 사려 깊은 기술을 궁리 개발하고, 더욱더 신중하게 사용하는 것이 현명한 대처법일 것이다. 테크마니아와 테크포비아의 협곡을 무사히 지나려면 지금의 첨단 기술보다 더 오랜 기술을 다시 소환해야 한다. 바로 읽기와 쓰기를 통한 생각의 기술 말이다.

6

독서라는 비효율적 행위

말하라, 모든 진실을, 그러나 비스듬히 말하라
성공은 에두름에 있나니
—에밀리 디킨슨

"요즘 같은 시대에 책을 굳이 왜 읽어야 하지?"

이런 말을 간혹, 아니 이제는 심심찮게 듣는다. 거리낌 없는 이 질문 뒤에는 오늘날 사람들 사이에 소리 없이 퍼져 가는 공통의 인식이 자리 잡고 있다. 영상이 주도하는 다매체 시대에 무료한 글로만 된 책은 소요 시간이나 비용, 심지어 부피와 무게 같은 휴대성에서도 '경쟁력'이나 '가성비'가 현저히 떨어지는 구식 매체로 비친다. 특히 젊은 세대 사이에 그런 생각이 빠르게 퍼져 나가는 것 같다. 활자 세대인 구세대도 책의 가치에 대한 믿음이 예전 같지 않은 듯하다. 이들의 실생활에서 책은 다른 것에 빠르게 자리를 내주고 있다. 1년에 책을 '한 권도 안 읽는' 사람이 전체 성인의 절반을 넘었다. 문화체육관광부가 만 19세 이상 성인 5000명을 대상으로 진행한 '2023년 국민 독서실태 조사' 결과를 보면 그렇다. 2022년 한 해 동안 성인의 종합독서율은 43퍼센트에 그쳤다. 종합독서율이란 교과서, 학습참고서, 수험서, 잡지, 만화 등을 제외한 일반 도서를 종이책, 전자책, 오디오북 등으로 한 권 이상 읽은 사람의 비율을 뜻한다. 그러니까 1년에 책을 한 권도 읽지 않은 사람이 10명 중 약 6명에 이른다는 말이다. 1994년 국민 독서실태 조사를 처음 실시한 이래 가장 낮은 수치다. 2013년 성인의 종합독서율이 72.2퍼센트였던 것과 비교하면 10년 사이에 거의 반토막이 났다.

　그나마 초중고 학생의 독서율이 성인보다는 나았다. 학생의 종합독서율은 95.8퍼센트로, 10명 중 9명 이상이 1년에 교과서와 학습참고서 이외 책을 한 권 이상 읽는 것으로 파악됐다. 96.8퍼센트였던 2013년에 비하면 낮아졌지만, 2021년에 기록한 역대 최저치(91.4퍼센트)를 감안하면 10년간 90퍼센트대는 유지하고 있어 다행이다. 학생과 성인의 독서율 격차는 재학 시절 그나 마 학교 수업이나 가정학습을 통해 형성, 유지되던 독서 습관이 졸업과 함께 빠르게 사라진다는 걸 보여 준다. 학 생의 독서율 추이와는 별도로 젊은 세대 전반의 독서율 하락에 대한 우려의 목소리는 끊이지 않고 있다. 이는 미 디어 환경의 변화 속에서 디지털네이티브 세대가 일찍 부터 스마트폰이나 태블릿을 비롯한 디지털기기와 영상 매체를 주로 접하고, 그것을 탐닉하게 되는 것과 관련이 있어 보인다.

"여섯 단락 포스팅이면 되는데, 왜 책을?"
미국에서도 최근 젊은 세대의 책 기피 현상을 언론이 집 중 조명한 바 있다. 세계 3대 암호화폐거래소인 FTX의 창업자로, 암호화폐의 글로벌 스타로 떴다가 몰락한 샘 뱅크먼프리드의 문제적 발언이 직접적인 계기였다. 그 는 '암호화폐의 왕'으로 군림하다가 급몰락한 청년 사 업가로 국내에도 꽤나 알려진 인물이다. FTX는 한때 세 계에서 두 번째로 규모가 큰 거래소였다. 하루 거래량이

100억 달러(약 13조 원)를 기록하면서, 그 가치가 320억 달러(약 42조 원)에 이르기도 했다. 수학 영재였던 뱅크먼프리드는 매사추세츠공대를 졸업하자마자 FTX를 설립했고, FTX는 급속도로 성장했다. 그는 2021년 『포브스』가 발표한 미국 400대 부자 순위에서 최연소이자 이십대로는 유일하게 32위에 올랐다. 그는 우리나라를 포함해 세계 청년들 사이에 들불처럼 번진 암호화폐 투자 열풍에도 톡톡히 한몫했다. 뿐만 아니라 정재계는 물론 문화계 유명 인사와도 곧잘 어울리며 젊은이들에게 선망의 대상이 됐다.

　나를 포함한 많은 독서가의 눈길을 끈 이유는 뱅크먼프리드가 독서에 관해 공개적으로 내놓은 대담한 발언 때문이었다. 그의 발언은 여러 언론을 타고 빠르게 전해졌고, 소셜미디어에서는 '독서의 쓸모'를 둘러싼 찬반 논쟁까지 일었다. 나는 영자신문 『파이낸셜 타임스』의 기사를 통해 처음 그의 문제 발언을 접했다. 출처는 2022년 9월 미국 실리콘밸리의 벤처투자 회사인 세쿼이아 캐피털 웹진과의 인터뷰였다. 인용된 말이 정말인가 싶어 원문까지 찾아봤다. 꽤나 길었다.

　문제 발언을 전후한 인터뷰 당시의 장면 스케치부

터 퍽이나 인상적이었다. 뱅크먼프리드는 인터뷰어를 앞에 두고도 자신의 노트북 화면에 시선을 고정한 채 새로운 컴퓨터게임에 몰두했다. 질문하는 면전의 상대에게는 눈길도 주지 않고 자판만 두드렸다. 그러면서 오른쪽 다리를 심하게 떨어 댔다. 인터뷰 내내 그는 게임을 계속했다. 그런 식으로 자신의 멀티태스킹 능력을 뽐내고 있었거나 아니면 그런 게 당연하다고 여기는 모양이었다(당초 우호적인 취지에서 그를 찾아갔던 인터뷰어는 '피와 살로 이루어진 인간이라기보다 첨단 AI 같은' 인상을 받았다고 적었다). 먼저 인터뷰어가 본격적인 질문에 앞서 편안한 대화 분위기를 조성하려고 가볍게 자기 취향을 이야기했다. "저는 소셜미디어에 관심이 없어요. 딱히 도덕적인 이유에서는 아니고, 책을 읽는 게 고급 정보를 뇌에 입력하는 최고 광대역broadband의 방법이라고 생각하기 때문이에요. 뇌는 늘 자극을 갈망하죠. 저는 읽기 중독자예요. 그래서 글 쓰는 사람이 되었겠지만." 그러자 뱅크먼프리드가 곧바로 맞받아쳤다. "아, 그래요? 저 같으면 책은 절대 안 읽을 거예요." 순간 인터뷰어는 무슨 말을 해야 할지 몰라 잠시 망설였다. 뱅크먼프리드와 달리 인터뷰어는 진심 어린 독서가였기 때문이다. 성인이 된 이후로 매주 한 권씩 책을 읽었고 이미 세 권의 책을 출간한 작가였다. 뱅크먼프리드는 거기서 멈추지 않고 자칭 '읽기 중독자'라는 인터뷰어에게 마치 조언이라도 하듯 말을 이었다. "저는 책에 대해 아주 회의적이에요. 모든 책이 읽을 가치가 없다는 말까진 안 하겠지만, 사실 그 비슷하게 생각해요. 제 생각에 만일 책을 한 권 썼다면 그건 쓸데없는 짓을 한 거예요. 블로그 포스팅 여섯 단락이면 충분했을 테니까요."

뱅크먼프리드뿐일까?

여기서 우리는 오늘날 '스마트한' 야심가들이 책이라는 구식 매체에 내리는 싸늘한 판정을 명확히 들을 수 있다. '여섯 단락의 글'이면 충분히 주고받을 수 있는 정보를 뭐 하러 번거롭고 비효율적이게 길고 장황한 책의 형태로 출간하고 사서 읽는단 말인가. 여기서 한 발짝만 더 가면 "유튜브에 검색하면 무슨 궁금증이든 쉽고 편하게 해결할 수 있는데 굳이 왜 책을 읽어?"라는 세간의 반문으로 이어진다. 구글이나 유튜브 검색을 넘어 이제는 스마트기기에 장착된 AI 챗봇에게 물어보면 답을 들을 수 있는 시대가 눈앞에 다가왔다. 이런 시대에 구태여 길고 성가신 책을 왜 찾아 읽어야 하느냐는 물음은 점점 더 당연시될 가능성이 크다.

주변을 둘러보면 이미 책을 즐겨 읽는 사람이 많지 않다. 사실 역사적으로 어느 시대 어느 사회나 책을 진심으로 즐겨 읽는 이른바 '호모 부쿠스'Homo Bookus는 소수 별종에 속했다. 출판이나 학문, 지식 분야에 종사해 직업적으로 책을 가까이 할 수밖에 없는 이들을 제외하고 독서를 말 그대로 취미로 즐기는 사람은 극소수에 가깝다 (그 소수가 독서 문화를 선도하고 명맥을 이어 가는 것 또한 사실이다). 앞서 다룬 통계수치로도 쉽게 알 수 있다.

그렇더라도 사회적으로 이름이 알려진 '명사'가 공개적으로 책을 싫어한다거나 읽지 않는다고 말하는 경우는 흔치 않다. 특히 우리나라는 아직까지 그렇다(아닌가?). 실제로는 책을 잘 읽지 않더라도 남 앞에서는 기회가 있을 때마다 책을 가까이하는 사람인 척하거나 적어도 말로는 책을 좋아한다고 하는 게 일반적이다. 정치인이나 유명인이 묵직한 책을 든 모습을 일부러 소셜미디어나 언론에 노출하는 것만 봐도 아직은 독서의 가치를 인정하는 분위기가 우리 사회에 남아 있다. 그런데 비록 해외라곤 해도 뱅크먼프리드라는 촉망받는 세계적 명사가 책에 대한 반감을 거침없이 드러냈다는 것이 어떤 면에선 진솔해 보였고, 신선하게 느껴지기까지 했다. 그저 책의 위광을 이용하거나 거기에 편승하려는 약삭빠른 정치인이나 유명인보다는 정직하지 않은가. 다만 그가 세계 청년들 사이에서 닮고 싶은 롤 모델로 꼽히는 인물이기에 책에 대한 그의 평가가 젊은 세대의 생각을 반영한 것은 아닌지 혹은 역으로 그들에게 큰 영향을 미치지는 않을지 염려가 되었던 것은 사실이다.

요즘은 평면 스크린의 영상처럼 모든 것이 납작해진 나머지, 어떤 생각과 취향이든 '존중'하고, 함부로 평가하지 않고, 문제 삼지 않는 것을 교양 있는 문화인의 태도로 간주한다. 속으로는 혀를 차거나 눈살을 찌푸리면서도 겉으로는 의연하게 포용하고 관용하는 모습을 보여야 한다. 괜한 시비를 벌였다가는 특히 인터넷에서 익명의 다중으로부터 집중 공격을 받을 수 있기 때문이다. 이런 분위기에서 유명인이 거침없이 "나는 책을 싫어한다. 책은 그만한 가치가 없다"는 말을 했다는 게 어떤 신호처럼 보였다. 한편으로는 이해가 되기도 했다. 요즘은 책 이외 다른 것에서 필요한 정보와 지식을 상당 부분 얻을 수 있으므로. 효율과 가성비를 최우선으로 따지는 시대에 책은 너무 길고 장황하며 '쓸데없는' 게 많아 보일 수 있다. 그러다 보니 너무 따분하게 느껴지고 집중도 안 될 테고, 찾는 내용을 일목요연하게 정리해 놓은 블로그 포스팅이나 그보다 더 쉽게 눈에 들어오는 동영상을 찾아보게 되는 것이다. 주변에 그런 사람이 갈수록 늘어 가는 것만큼은 분명하다.

벼락 스타의 벼락 추락

그의 발언 이후 얼마 되지 않아 충격적인 소식이 뒤따랐다. 그의 회사가 말 그대로 하루아침에 파산하고, 이어 그도 대형 금융사기범으로 몰린 것이다. 2022년 11월 FTX의 파산은 암호화폐 시장 전체를 충격에 빠뜨렸다. 그의 자산은 0으로 곤두박질쳤다. 뒤이어 뉴욕 검찰은 2022년 12월 그를 형법상 사기와 인터넷뱅킹을 이용한 사기, 돈세탁 등의 혐의로 체포해 기소했다. 재판 끝에 결국 그는 2024년 3월 징역 25년을 선고받았다.

뱅크먼프리드는 천문학적인 자산과 함께 일찍부터 '효과적 이타주의자'Effective Altruist를 자처했던 인물이기에 초대형 사기범으로 전락한 일은 더욱더 충격적이었다. 효과적 이타주의란 이성과 증거에 입각해서 최대한 타인을 이롭게 하는 방법을 찾아내 실천하자는 철학적 입장이다. 뱅크먼프리드는 자신의 재산 대부분을 자선 활동에 기부하겠다며 2022년 7월 워런 버핏과 빌 게이츠가 주도한 갑부들의 기부 서약서 '기빙 플레지'Giving Pledge에 서명했다. 또 자선단체인 FTX 재단도 직접 설립하고, 이곳에서 조성한 미래 펀드를 통해 다양한 비영리단체와 개인에게 1억 6천만 달러를 기부하겠다고 공언했다. 하지만 이 모든 약속은 사실상 공수표가 되었다.

뱅크먼프리드는 유복한 가정에서 태어난 '금수저'였다. 그의 아버지와 어머니 모두 스탠퍼드대학 로스쿨 교수이고, 이모는 컬럼비아대학 공공보건대학원장이다. 그는 일찍부터 수학에 재능을 보여 2014년 MIT에서 물리학 전공 수학 부전공으로 학사과정을 마쳤다. 2013년 여름 국제 ETF 독점 거래 회사인 제인 스트리트 캐피털에서 인턴으로 일했고, MIT를 졸업한 후에는 정규직으로 일했다. 2017년 9월 버클리로 가서는 '효과적 이타주의 센터'의 개발 이사로 잠시 일했다. 2017년 11월 그는 효과적 이타주의 센터의 태라 매콜리와 함께 증권거래

회사인 앨러미다 리서치를 공동 창립한 데 이어 2019년 4월 암호화폐 파생상품 거래소인 FTX를 설립했다. 철저하게 효율적인 길을 초고속으로 질주하던 그의 인생은 얼마 가지 않아 범법자의 신세로 곤두박질치고 말았다. 모든 일이 벼락처럼 일어났다. 이런 그의 인생이 그의 독서관과는 어떤 관련이 있을까?

효과적 이타주의의 한계

정량적 효율적 사고방식이 내면화된 뱅크먼프리드 같은 사람이 독서를 싫어하게 된 것은 결코 우연이 아니었다. 그런 사람이 책과 같은 매체에서 기대하는 것은 그때그때 필요한 새로운 정보나 통찰이다. 따라서 긴 단행본 형식의 책은 낭비이고 비효율적이다. 수백 쪽에 달하는 책 한 권을 읽느니 '핵심'만 간추린 텍스트를 신속하게 일별하고 취사선택하는 것이 훨씬 효율적일 테다.

정보 습득의 효율을 앞세워 독서의 가치를 평가하는 사람은 책을 그저 정보 꾸러미로만 보고, 독서를 단지 머릿속에 정보를 퍼 담거나 '복붙'하는 정도의 활동으로 여긴다. 그런 사람은 책을 읽을 때 마음속(요즘은 '머릿속' 혹은 '뇌회로'라는 말을 써야 더 신빙성 있게 받아들인다. 어느 쪽으로 바꿔 읽어도 좋다)에서 어떤 일이 일어나는지 잘 모른다. 무엇보다 독서가 읽는 사람의 내면 혹은 정신 안에서 일으키는 크고 작은 내밀한 변화를 의식적으로 체험해 본 적이 없다.

그런 점에서 뱅크먼프리드가 효과적 이타주의 철학의 신봉자라는 사실은 결코 우연이 아니다. 효과적 이타주의의 대표 주창자로 흔히 옥스퍼드대학 철학과 교수인 윌리엄 매캐스킬을 꼽는다. 국내에 『냉정한 이타주의자』라는 책으로 알려진 그는 2013년 MIT를 방문했을 때 뱅크먼프리드를 처음 만났는데, 그 뒤로 그의 멘토가 되었다. 효과적 이타주의자는 대개 비용대효과를 따지는 투자자의 사고방식을 따른다. 여기서 비용대효과는 정량적인 것으로, 대개 화폐가치로 환산되는 것을 따진다. 매캐스킬은 대놓고 청년들에게 졸업 후 좋은 일을 하려면 고소득 직업을 가지라고 독려한다. 그런 매캐스킬에게 뱅크먼프리드 같은 초고속 초갑부 그리고 통 큰(하지만 결국 빈 약속에 그친) 기부 활동은 효과적 이타주의의 훌륭한 실천 사례였다. 그는 2022년 뱅크먼프리드를 초고속으로 부를 쌓은 갑부인 일론 머스크에게 소개하면서 '인류의 장기적 미래를 위해 헌신하는' 협력자라고 했다. 매캐스킬은 FTX 재단 내 FTX 미래 펀드의 고문을 맡기도 했다. 그러다 뱅크먼프리드의 범법 혐의를 알게 된 후 그 자리에서 물러났다. 그는 트위터(지금의 X)에 올린 글에서 "샘과 FTX는 선의를 갖고 있었다. 그리고 그 선의 중 일부는 나의 사상과 관련이 있다. 그 선의가 사기를 합리화하는 데 쓰였다면 나로서는 부끄러운일"이라고 했다.

효과적 이타주의자는 경험적 증거와 논리적 추론을 바탕으로 결정을 내리는 것을 중시한다. 어떤 일의 원인과 개입을 신중하게 평가해 무엇이 가장 중요하고 긍정적인 결과를 도출하는지 파악하고, 영향력을 보다 크게 발휘할 수 있는 영역에 집중한다. 이를 위해 행동의 영향을 정량화하고 측정하는 것을 중요하게 여긴다. 공리주의의 연장선인 효과적 이타주의는 자선 기부와 세계 보건, 동물복지, 신흥 기술로 인한 실존적 위험 완화 등 다양한 활동 영역에서 적잖은 지지자를 두고 있다.

문제는 이들의 '효과'와 '효율' 중심 사고가 갖는 한계다. 이타적 행동의 결과를 정량화하고 측정하기란 쉽지 않다. 우리 사회의 보편적 목표라고 할 수 있는 삶의 질 향상이나 문화적 가치 보존, 사회정의 증진 같은 것은 수량화하기 어렵다. 그러다 보니 사회시스템의 변화나 정량적으로 측정하기 어려운 구조적 문제는 관심에서 배제된다. 또한 이들의 우선순위는 공리주의적 계산에 따라, 대개는 이 운동을 주도하는 능력 있는 소수(대개는 자산가)에 의해 일방적으로 결정된다. 효과적 이타주의는 오늘날 자유주의 사회가 내세우는 능력주의 이데올로기와도 연결된다. 어떤 식으로든 돈과 권력을 많이 가진 자가 도덕적으로도 우월한 지위에서 자선 능력을 발휘해 나머지 구성원에게 시혜하듯 선행을 베푼다. 중요한 것은 비용과 효과이며, 이것을 계산하는 과정에서 대화와 협의는 불필요하거나 비효율적이다.

책 속의 미로에서 얻는 것

FTX의 변호사에 따르면 뱅크먼프리드가 관리했던 장부는 엉성하기 짝이 없었다. 투자받은 자금을 자신이 소유한 증권거래회사를 지원하는 데 돌려쓴 것은 그 자체로 명백히 부도덕한 행위였다. 하지만 그런 정도의 일탈은 보다 큰 선을 달성하기 위한 효율적 이타주의 관점에서는 문제가 되지 않는다고 그는 생각했던 것 같다. 그의 관심사는 큰일을 하기 위해 어떻게든 사업 규모를 키우는 것이었다. "기부하려면 크게 벌어라"라고 멘토가 가르쳐 준 그대로였다. 과정이야 어떻든 막대한 힘을 키워 좋은 일에 쓰기만 하면 된다고 생각했다. 오늘날 돈은 신적인 능력을 뜻하는 것이 되었고, 누구나 손에 넣으면 모든 것이 가능하다고 생각한다. 영민한 수학 영재였던 그는 일찌감치 금융을, 그중에서도 단번에 부를 얻을 수 있는 암호화폐를 선택했다. 성공을 위해 '효과적인' 방법을 다 동원한 셈이다. 그 과정에서 고려했어야 마땅한 여러 가지는 마치 그의 눈에 읽을 가치가 없어 보이는 책의 숱한 페이지처럼 큰 의미를 갖지 못했다.

그에게는 윤리적인 옳고 그름의 고려마저 투자의 득실 같은 계산으로 환산되었다. 하지만 도덕은 결과도 중요하지만, 때로는 결과만큼이나 과정도 중요하다. 어떤 의미에서는 결과보다 과정이 더 중요하다고도 할 수 있다. 어떤 결과를 위해 목표를 달성하는 과정에서 사람들과 주고받는 행위가 우리 삶의 실질적이면서도 구체적인 내용을 이루기 때문이다. 윤리적 행위는 언제나 눈앞의 것과 다가올 미래를 종합적으로 고려하고 평가하고 판단하는 활동을 수반한다. 이때 발휘되는 지적 능력을 아리스토텔레스는 실천적 지혜라고 불렀다. 그것은 다방면에 걸친 숙고를 통해 얻어지는 능력이자 결실이다. 효과적 이타주의는 윤리가 수학 공식 같은 것이며 이미 답은 자명하다는 인상을 준다. 자본주의 시장에서 투자로 돈을 모아 사업을 벌이는 것과 비슷하다. 때문에 월가와 실리콘밸리의 성공한 투자자와 사업가가 좋아하는 철학이기도 하다.

물론 선한 의도만 중시하는 도덕은 맹목이다. 윤리에서도 행위의 결과와 효과는 대단히 중요하다. 하지만 결과와 득실을 따지지 않는 선의가 삶의 절박한 순간을 지탱하는 경우가 우리 삶에는 얼마나 많은가. 주위의 불우한 이웃에게 몇 푼 적선하는 것은 그들 삶의 전체적 개선 효과로 봤을 때 하찮을지 모른다. 그렇다고 해서 어떻게든 큰돈을 번 자산가가 보란 듯 거액을 내놓는 것을 더 가치 있는 선행으로 우대한다면, 그것은 '제왕적' 이타주의라 불러야 옳다. 그런 사회가 도덕적으로 본받을 만한 공동체일지는 의문이다. 최대 다수의 선을 추구하더라도 사람들 사이에 오가는 사소한 선의와 보답에 대한 시선 또한 놓치지 않아야 한다. 그것을 배우려면 긴 호흡의 책, 특히 문학작품을 천천히 읽으며 책 속의 미로에서 길도 잃어 보고, 쉽게 계량되지 않는 고통에 공감도 하고, 득실 계산만으로는 가늠할 수 없는 번민도 느끼는 훈련을 해 봐야 한다. 문화사학자 린 헌트는 『인권의 발명』에서 지금 우리가 당연하게 여기는 보편적 인권 개념도 18세기 유럽 대중 사이에서 소설 읽기가 확산되면서 자라난 공감 능력이 인도주의적 감정으로 발전한 결과였다고 말한다.

　　뱅크먼프리드는 파산 후 가택연금된 8개월 동안 대부분의 시간을 서재에서 컴퓨터게임을 하고 수백 쪽에 달하는 변론문을 작성하며 보냈다고 한다. 블로그 포스팅 여섯 단락이면 충분하다던 그는 무려 1000쪽이 넘는 글을 썼다. 어린 시절 추억부터 수학 계산에 이르기까지, 장황한 자기정당화를 수백 쪽에 걸쳐 써내려 간 것이다. 책이 비효율적이어서 싫어한다고 했던 그의 발언에 비추어 보면 아이러니가 아닐 수 없다. 인간의 사연이 얼마나 구구절절한 것인지 그는 그때야 비로소 깨달았는지도 모른다.

'모든 것의 90퍼센트는 쓰레기'

사람들이 독서를 비효율적인 활동으로 생각하는 이유 중에는 책이 너무 많이 쏟아져 나오는 데서 오는 피로감도 있을 것이다. 무엇이든 선택지가 너무 많으면 오히려 선택을 할 수 없거나 선택할 의욕이 떨어지곤 한다. 어느 때보다 출간의 진입장벽이 낮아진 요즘 출판계를 보면 그런 생각이 든다. 사람들은 책을 안 읽는다는데, 책은 쉴 새 없이 출간된다. 일반 독자로서는 매일같이 쏟아지는 그 많은 책 중에 뭘 읽어야 할지 혼란스러울 정도다. 경쟁적인 광고에서 명사가 추천하는 도서만 해도 부지기수다. 게다가 여느 상품이 그렇듯 책도 겉보기와 실제 담고 있는 내용이 다른 경우가 많다. 표지나 홍보 문구는 요란한데 기대에 못 미치는 함량 미달의 책도 허다하다.

'스터전의 법칙'이라는 말이 있다. 시어도어 스터전은 1950~1960년대 미국에서 활약한 선구적인 SF 작가였다. 당시만 해도 SF가 주류 평단으로부터 낮은 평가를 받았는데, 어떤 평론가가 "SF의 90퍼센트는 쓰레기"라고 말했다. 그러자 스터전이 "그 어떤 것이든 90퍼센트는 쓰레기"라고 응수한 데서 '스터전의 법칙'이라는 말이 유행하기 시작했다. 이 말을 뒤집어 보면, 모든 책의

90퍼센트가 쓰레기라면 나머지 10퍼센트는 가치 있는 책이라는 뜻이 된다. 따라서 내 생각에 이 법칙의 진정한 교훈은 책 따위를 읽는 수고를 들이지 말라는 것이 아니다. 오히려 처음에는 실망이 크더라도 원래 다수가 그런 것이니 좀 더 열심히 찾아보라는 이야기다. 대개 가치 있는 책일수록 몇 시간이 아니라 몇 년, 심지어 몇십 년에 걸친 산통을 겪고서야 나온다. 책은 느림과 지연의 결실이다. 독자에게도 그에 상응하는 느림과 인내심이 요구된다. 지금 우리는 순간순간 떴다 사라지는 스크린에 과몰입한 나머지 한 걸음 물러나 넓고 깊게 관조하고 천천히 음미하는 법을 잊어버렸는지도 모른다. 애써 좋은 책을 찾아 천천히 숙독함으로써 삶과 세상을 넓고 깊게 이해하고 음미하는 감각을 되찾을 수 있다.

체험으로서의 독서

우리가 책에서 얻는 것은 비단 한 줄이나 단락으로 요약되는 줄거리만이 아니다. 책은 읽는 사람의 정신이 또 다른 정신이 투영된 텍스트와 만나 일으키는 독특한 내적 경험을 선사한다. 체험으로서의 독서는 단순히 정해진 교훈을 습득하기 위한 것이 아니다. 책의 교훈 또한 한 줄이나 한 단락으로 요약될 수 없다. 박제화된 요약문으로는 충분히 긴 원문을 읽을 때 맛볼 수 있는 예기치 못한 정신의 발화 같은 것을 기대하기 어렵다.

책에서 줄거리를 파악하는 데 방해가 되는 갖가지 우회와 곁가지는 결코 독서의 장애물이 아니다. 오히려 굳이 책을 찾아 읽는 독자는 바로 그것 때문에 읽기도 한다. 텍스트의 모호함과 복잡함은 결함이 아니라 본질에 속한다. 인간의 삶이나 세계, 어떤 사건이나 현상의 진실은 본래 일목요연하지 않고 복잡다단하다. 전모를 확신할 수 없는 지그소 퍼즐의 조각처럼 흩어져 있게 마련이다. 그렇기에 우리는 신중하게 인내심을 발휘해 하나둘 살펴봐야 한다. 그 과정에서 읽는 사람의 생각도 성품도 보다 바람직한 쪽으로 깎이고 다듬어지고 길들여진다.

우리는 읽는 과정을 통해 오늘날 숨 가쁜 경쟁의 현실 속에서 길들여진 단기적 이해타산적 사고 습관에서 벗어나 관조와 포용의 우회로로 접어든다. 그저 정보를 효과적으로 습득하기 위해서가 아니라 우리 정신이 펼치는 생각의 날갯짓을 가동하기 위해 읽는다. 독서는 목적지에 최대한 빨리 도착하는 것이 목표인 고속철도가 아니라 차창 밖으로 느릿느릿 펼쳐지는 풍경을 감상하는 완행열차에 오르는 것이다.

2부

읽기는 인간을 어떻게 바꿨나

7

> 우리 중 일부에게 책이란 인간 정체성에 내재된
> 것이다. 외로운 요새를 지켜야 한다.
> — 존 업다이크

우주가 존재한다는 사실을 제외하고, 이 우주에서 가장
놀라운 것은 인간의 정신이라고 생각한다. 그런 인간 정
신의 발명품이면서 동시에 정신작용의 강력한 도약대이
기도 한 것이 바로 글이라는 도구이고 읽기와 쓰기라는
기술이다. 인간 정신은 대략 6000년 전부터 글을 가지
고, 글을 통해, 글과 더불어 세상을 만들어 왔다. 앞으로
우리가 세상을 어떻게 함께 만들어 갈 것인지를 좌우할
공동의 토대가 바로 읽고 쓰면서 생각하는 능력, 즉 문해

력이다. 새로운 디지털 기술이 숨 가쁘게 속출하는 시대에도 인간 정신의 지렛대라 할 문해력의 중요성은 아무리 강조해도 지나치지 않다. 인간의 주체적 삶의 운명이 걸린 문제이기 때문이다. 이렇게 단언할 수 있는 이유는 진화적 관점에서 인류의 고유한 특성이 문자를 사용한 진화의 길을 택한 유일한 종이라는 사실에 있기 때문이다. 인류는 생물학적 진화를 넘어 다른 동물 종과는 확연히 다른 문화적 진화의 길을 걸어왔다. 그 토대가 언어능력이었고, 일대 도약의 발판이 바로 글을 읽는 능력이었다.

문화적 진화의 발판

문화적 진화에 관한 연구로 두각을 나타낸 인류학자 조지프 헨릭 하버드대학 교수는 저서『호모사피엔스, 인류를 지배종으로 만든 문화적 진화의 힘』에 이어『위어드』에서 이러한 문화적 진화의 비결을 체계적으로 밝혔다. 그에 따르면 문화는 인간의 지각 능력, 동기, 성격, 감정을 비롯한 여러 정신적 측면뿐 아니라 뇌 구조, 호르몬, 해부학적 구조까지도 바꿀 수 있다. 대표적인 사례가 읽기 능력의 습득과 그에 따른 인간의 변화다. 읽는 법을 배우면서 뇌의 신경회로는 새로운 연결망을 형성한다. 이 연결망은 기억, 시각 정보 처리, 얼굴 인식 등 여러 영역에 걸쳐 우리 심리에 영향을 미친다. 문화로 인한 심리적 변화는 다시 사람들의 관심사와 결정 방식, 선호하는 제도에 영향을 준다.

인류 역사에서 읽기 문화는 사람들의 분석적 사고와 기억력 향상에 일조했고, 학교 교육, 서적 출판, 지식 전파를 자극했다. 헨릭은 유럽이 다른 지역보다 산업화에 앞설 수 있었던 주요인이 바로 문해력의 확산이라고 봤다. 지금처럼 많은 사람이 글을 읽을 수 있게 된 것은 인류 역사에서 비교적 최근 현상이다. 문자의 기원은 5000~6000년 전으로 거슬러 올라간다. 하지만 문자가 발명된 이후에도 글을 쓰고 읽을 줄 아는 사람은 오랫동안 그리 많지 않았다. 헨릭에 따르면 인구의 10퍼센트 이상이 글을 읽을 줄 아는 사회가 출현한 지는 얼마 되지 않았다. 16세기에 와서야 비로소 읽고 쓰는 능력이 서유럽 전역에 빠른 속도로 퍼지기 시작했다. 1750년 무렵부터 네덜란드, 영국, 스웨덴, 독일 등지에서 인구의 절반 이상이 글을 읽을 줄 알게 되었고, 출판업자는 부지런히 책을 출간하기 시작했다.

무엇이 유럽에 문해력의 도약을 가져왔을까? 1517년 말에 불붙기 시작한 종교개혁이 발단이었다. 독일의 소도시 비텐베르크의 가톨릭 수사이자 교수였던 마르틴 루터는 당시 가톨릭교회의 면죄부 판매 관행 등을 비판하는 「95개 조문」을 발표했다. 이 일로 그는 교황청으로부터 파문당했지만, 그의 불같은 선언문은 전 유럽으로 퍼져 나갔다. 그때 그의 구호가 '오직 말씀으로'sola scriptura였다. 누구든지 교회라는 중개자를 거치지 않고도 하느님의 말씀인 성경을 직접 읽음으로써 구원받을 수 있다는 뜻이었다. 루터는 성경을 독일어로 번역하는 한편 '말씀'을 읽기 위한 문해력과 학교 교육의 중요성을 설파했다. 프로테스탄티즘의 확산과 함께 사람들의 문해력이 높아지고 곳곳에 학교가 들어섰다. 이는 일반인의 글쓰기와 산수 능력의 향상으로 이어졌고, 훗날 산업혁명의 인적 토대가 되었다. 또한 문해력은 점차 사람들의 뇌를 바꾸어 기억과 시각 정보 처리, 정확한 셈과 문제 해결 등과 관련된 영역의 인지능력을 전반적으로 끌어올리는 결과를 가져왔다.

소크라테스의 의구심

인류가 글을 읽기 시작한 것은 지금까지 쌓아 올린 문명과 문화(한자어인 문화와 문명의 첫 글자가 모두 '글월 문'文 자임에 주목하라)로 나아가는 첫걸음이었다. 하지만 이런 행보를 우려의 눈길로 바라본 사람도 있었다. 이 문제는 앞서 플라톤의 『대화편』 중 「파이드로스」를 인용할 때 거론하며 잠시 미뤄 뒀었다. 여기서 다시 소크라테스를 소환해 시비를 가려 보고자 한다.

소크라테스는 그의 말벗 파이드로스와 변론술에 대해 한창 대화를 나누다 당시 새로운 도구로 등장한 글쓰기가 과연 바람직한지, 그렇다면 무엇이 글쓰기를 바람직한 것으로 만드는지에 대해 논의한다. 이 장면에서 소크라테스는 다른 대화에서도 종종 그랬듯 선조 때부터 전해 오는 이야기를 하나 들려주겠다고 제안한다. 먼 옛날 이집트 지역에 수와 산수, 기하학과 천문학, 장기와 주사위 같은 놀이 그리고 무엇보다도 문자를 발명한 테우트 신이 있었다. 어느 날 그는 이집트 왕 타무스를 찾아가 자신이 발명한 갖가지 기술을 보여 주며 이집트에 전파할 것을 제안했다. 신중한 타무스는 각 기술에 어떤 이점이 있는지 물었다. 소크라테스는 특히 문자를 논한

둘의 대화를 상세히 들려준다.

테우트가 말했다. "왕이시여, 이 기술을 익히면 이
집트인은 더 지혜로워지고 기억력이 더 좋아질 것입니
다. 기억력과 지혜의 영약으로 발명한 기술이니까요."
그러자 타무스가 답했다. "최고의 기술자 테우트여, 누
군가 기술을 발명했다면 그 기술이 사용자에게 얼마나
유익하거나 해로운지 판단하는 것은 다른 사람 몫이오.
지금 그대는 문자의 창안자로서 문자에 대한 애정에 이
끌려 사실과 상반되는 것을 그 효과라고 말했소."

타무스는 일국의 통치자답게 호락호락하지 않았다.
마치 오늘날 AI를 비롯한 디지털 기술의 이점만 부각해
선전하는 개발자와 그에 맞서 숨은 문제점을 제기하는
비평가 간의 대립 구도를 보는 것 같다. 왕은 이렇게 말
을 이었다.

"문자는 실은 그것을 익히는 사람들에게 망각을 줄
것이오. 그들은 글로 쓰인 것을 믿은 나머지 기억력을 활
용해 스스로, 자력으로 기억하려 하는 대신 남이 만든 기
호를 사용해 외부에서 기억하려고 하니 말이오. 그러니
그대가 발명한 것은 기억의 영약이 아니라 상기想起(기
억을 일깨우는 것)의 영약이오. 그대가 제자들에게 주는

것은 지혜가 아니라 지혜처럼 보이는 것이오. 그대의 제자들은 그대 덕분에 제대로 가르침을 받지 않고도 많은 것을 읽을 수 있어 대개는 아무것도 모르면서 자신이 많이 알고 있는 것처럼 보일 테니 말이오. 또한 그들은 실제로 지혜롭기보다는 지혜로워 보이기만 하므로 함께 하기가 어려울 것이오."

이야기를 듣고 난 파이드로스는 "타무스 왕의 말이 옳은 것 같다"고 평한다. 글이 인간 정신에 미칠 수 있는 유해함을 경고한 논변에 설복된 것이다.

소크라테스는 나아가 자신의 생각을 글로 남기는 사람이나 그것을 받아들이는 사람은 순진하기 짝이 없다고까지 말한다. 글은 그 주제를 이미 아는 사람에게 아는 내용을 상기시키는 역할만을 할 뿐이기 때문이다. 마치 강의 내용을 받아 적은 노트가 강의를 들은 학생에게는 수업 내용을 상기시켜 주는 역할을 하지만, 노트만 빌려 본 학생은 내용을 제대로 이해하지 못한다는 말과 같다. 소크라테스는 이어서 글을 그림에 비유하며 그 한계를 한층 더 부각시킨다. "그림으로 그려 놓은 것들은 마치 살아 있는 것처럼 거기에 있지만, 누가 질문을 하면 아주 근엄하게 침묵을 지킨다네. 글도 마찬가지일세. 자네는 글이 지성을 갖추고 있는 것처럼 말한다고 생각하겠지만, 글이 말하는 것 가운데 어떤 것에 관해 더 알고 싶어 질문을 하면 글은 매번 한 가지 정보만 제공한다네." 글은 적힌 것 이외에 아무것도 추가로 말해 줄 수 없다는 것이다. 오히려 자칫 위험을 초래할 수도 있다고도 경고한다. "일단 글로 적힌 것은 사방으로 떠돌아다니면서 그것을 이해하는 사람뿐 아니라 그것과 무관한 사람의 손으로도 굴러 들어가며, 누구에게 말을 걸어야 하고 누구에게 말을 걸어서는 안 되는지 전혀 분간하지 못한다네. 그리고 푸대접을 받거나 모욕당하면 그것은 자신을 지킬 수도, 자신을 도울 수도 없는지라 언제나 아비의 도움이 필요하다네."

소크라테스는 급기야 저술 활동을 지식인(철학자)의 책무 혹은 최선의 활동이 아니라, 잘해야 노후에 자신이나 후대의 기억을 위해서 해 봄 직한 활동이라고 깎아내린다. "그가 글을 쓴다면 자신이 늙어서 건망증이 심해질 때를 대비해 자신을 위해, 자신과 같은 길을 가는 사람을 위해 상기시켜 주는 것들을 쌓아 두려고 재미 삼아 문자의 정원에 씨를 뿌리며 정원에 꽃이 만발하는 것을 보고 흐뭇해할 것이네. 다른 사람들이 다른 놀이에 빠져 술잔치 따위로 자신에게 물을 대 줄 때, 그는 아마도 술잔치 대신 내가 방금 말한 소일거리로 시간을 보낼 것이네."

파이드로스도 맞장구친다. "선생님께서 언급하신 주제들에 관해 이야기하며 말로 즐거운 시간을 보낼 수 있다면, 그것은 다른 사람들의 하찮은 소일거리에 비하면야 정말 멋진 소일거리겠네요." 이 말에도 소크라테스는 단서를 단다. "하지만 그런 주제들은 진지하게 다루는 것이 훨씬 더 아름다운데, 그것은 문답법 전문가가 걸맞은 혼을 선택해 그 혼 안에 스스로 지킬 수 있고 자신을 심어 준 사람도 지켜 줄 수 있는 말들을 심고 씨 뿌릴 때 가능하다네. (……) 이런 과정을 통해 본디 씨앗은 영원한 생명을 얻고, 씨앗을 가진 사람은 인간으로서 가능한 범위 안에서 최대한 행복을 누리게 된다네."

박제화된 글을 통한 간접 교신이 아니라, 실시간으로 같은 시공간에서 마주 보며 살아 있는 대화를 나눌 때에야 비로소 영혼의 진정한 교감이 이루어지고 행복을 누릴 수 있다는 얘기다. 소크라테스의 우려와 경계는 얼마나 타당했던가. 알다시피 문자는 우리 곁에 보기 좋게 살아남았다. 살아남았을 뿐만 아니라 인류가 문화를 꽃피우고 문명을 구축하는 데 결정적인 역할을 해 왔다. 그

지혜로운 소크라테스도 문자에 관한 판단만큼은 턱없이 빗나가고 만 것이다. 그는 무엇을 놓쳤을까. 후대의 뇌과학자들이 발견한 인간 뇌의 타고난 기적 같은 특성, 바로 가소성plasticity이었다.

뇌는 자신을 바꿔 간다

뇌의 가소성이란 뇌의 신경회로망이 어떻게 사용되느냐에 따라 계속 변하는 성질을 일컫는다. 인간의 뇌는 고정돼 있지 않고 지식이나 경험이 쌓이면 변화한다. 그래서 평생 학습이 가능하다. 글을 읽는 능력을 익히고 발전시켜 온 것도 뇌의 가소성 덕분이다. 뇌가 지닌 특별한 능력의 가장 강력한 대변자로는 앞서 소개한 인지학자 매리언 울프가 있다. 울프는 『프루스트와 오징어』에서 문해력에 의한 인간 정신의 확장과 도약을 이야기하며 소크라테스가 제기한 질문을 다시 불러온다.

　　문자를 경계한 소크라테스의 생각은 역사적으로 볼 때 일면적이었던 것으로 판명 났다. 그는 문자의 잠재력을 충분히 헤아리지 못한 듯하다. 문자와 기록 덕분에 인류는 시공간을 넘어 기억과 생각을 주고받고 집단적 지식을 축적할 수 있었다. 그 절정이 인류의 집단지식 체계인 과학이다. 인류 문명은 한자 문화가 정확히 표현하고 있듯이 글☆을 통해 글 위에서 구축될 수 있었다. 오늘날 코딩을 주축으로 한 정보통신기술도 그 연장선에 있다. 그런 점에서 문자의 사용은 소크라테스가 우려했던 실보다 득이 훨씬 많은 것처럼 보인다. 적어도 지금까지는 그랬던 것 같다. 하지만 울프는 소크라테스의 문제 제기를 재구성해 지금 우리가 처한 맥락에서 다시 검토한다.

울프가 보기에 소크라테스는 문자의 효용 자체를 우려한 것이 아니었다. 문자로 기록된 지식에 지나치게 의존할 경우 일어날 기억의 약화와 피상적 사고를 우려했던 것이다. 요컨대 지식의 외부화에 따른 주체적 사고력의 퇴화 말이다. 또한 지식이 문자의 형태로 사람에게서 풀려나면 종잡을 수 없이 활용될 수도 있을 터였다. 누구나 언제 어디서든 무엇에 순간적으로 접속할 수 있게 된 것이 좋기만 한 일일까? 울프는 자문한다. 즉각적으로 또 무제한으로 제공되는 정보, 여기에 진위를 알 수 없는 딥페이크 위험까지 합쳐지면 어떤 결과를 초래할까? 스크린에 범람하는, 겉으로는 그럴싸해 보이지만 전적으로 신뢰하기는 어려운 피상적인 정보의 물결 속에서 지속적인 부분적 주의continuous partial attention와 멀티태스킹이 특징인 훑어보기가 주를 이룬다면 본래 읽기가 약속했던 깊은 이해와 사고의 발달을 경험할 수 있을까? 울프는 "나는 일상에서 두 아들이 인터넷을 활용해 숙제를 마친 후 '이제 전부 다 알아요'라고 말하는 모습을 보면 정보를 추구하는 우리의 문화에 대한 소크라테스적인 걱정이 머리에서 떠나지 않는다"라고 토로한다.

읽기라는 선물

그럼에도 울프는 소크라테스가 미처 알아보지 못한 글 읽기의 놀라운 마법을 하나둘 되살려 보여 준다. 울프에 따르면 글로 된 언어, 즉 문어는 말로 하는 언어, 즉 구어와는 다른 특별한 점이 있다. 그 점이 바로 인간의 인지 발달에 크게 기여해 왔다. 글이 무엇이기에 그토록 놀라운 결과를 가져올 수 있었을까?

먼저 글에는 우리가 말로 나누는 대화에서 잘 사용하지 않는 어휘가 다양하고 풍부하게 사용된다. 또한 일상적인 구어에서 찾아보기 어려운 통사적 문법적 구조가 있다. 따라서 책에 종종 등장하는 전형적인 표현을 이해하는 데는 일상적 대화를 나눌 때와 다른 인지적 유연성과 추론 능력이 필요하다. 그 결과 좋은 글을 반복해서 읽으면 언어와 사고방식이 풍부해진다. 어릴 때 동화를 많이 읽은 아이의 표현력이나 상상력이 남다른 것은 그 때문이다. 또 책에는 은유와 직유 같은 비유적 언어가 많이 나온다. 이것을 이해하려면 인지적으로 복잡한 유추analogy를 거쳐야 한다. 유추 능력은 지적 발달과 직결된다. 또한 다른 사람의 생각과 느낌을 담은 책, 특히 문학작품을 읽음으로써 감정이입 능력을 키울 수 있다. 동화 속 세상은 아이들이 상상의 나래를 펼치고 마음껏 날아갈 수 있는 가상의 환경이 되어 준다. 주인공의 삶에 몰입해 일체가 됨으로써 내가 몰랐던 생각과 감정을 간접 체험한다.

나아가 글 읽기가 자동화 수준으로 능숙해지면 여분의 인지력을 그만큼 깊이 생각하는 데 쓸 수 있다. 글을 소리 내 읽을 줄 아는 것과 그 뜻을 이해하는 것은 결코 같지 않다. 진정한 문해력이란 아는 단어의 조합이 빚어내는 문장의 의미를 이해하고 심층의 숨은 뜻을 찾아내는 능력이다. 우리는 그 능력으로 텍스트의 표층 아래에 숨겨진 미지의 땅을 탐험한다. 또한 책에 등장하는 다양한 개성의 인물에 빙의해 비록 머릿속으로나마 모험에 동참하면서 독자의 영혼은 변화를 겪고 어떤 식으로든 이전과는 다른 짜임새를 갖게 된다. 책을 읽을 때 우리 정신(뇌)에서 일어나는 일이야말로 몸에서 일어나는 가장 난해한 활동 중 하나다. 그래서 읽기 교육을 선구적으로 연구한 미국 심리학자 에드먼드 버크 휴이는 "독서할 때 일어나는 일을 완벽하게 분석할 수 있다면 심리학자가 이룰 수 있는 최고의 업적이 될 것"이라고 했다.

독서는 고독 속의 대화

책을 읽을 때 우리 내면에서 일어나는 일을 가장 잘 설명한 사람은 심리학자가 아닌 작가였다. 바로 『잃어버린 시간을 찾아서』의 저자 마르셀 프루스트다. 그의 독서론은 소크라테스의 우려를 예리하게 논파하면서 독서의 내밀한 가치를 정확히 드러낸다. 프루스트는 자신이 사숙했던 영국 비평가 존 러스킨의 독서 강연인 『참깨와 백합』을 프랑스어로 번역하면서 역자 서문에 자신의 독서론을 길게 기술했다. 이 글에 따르면 독서에 관한 러스킨의 견해는 전통적인 독서 예찬론으로, 다음과 같은 데

카르트의 말로 요약될 수 있다. "양서를 읽는 것은 그 저자, 즉 지난 시대 최고의 교양인과 나누는 대화와도 같다." 러스킨은 독서를 일종의 대화로 봤는데, 우리가 주변에서 흔히 보기 어려운, 지혜롭고 위대한 사람과의 대화라는 점에서 특별하다고 봤다.

반면 프루스트는 독서란 결코 러스킨이 말하는 대화와 같을 수 없다고 반박한다. 우리가 읽는 책과 대화를 나눌 때 마주하는 상대의 근본적인 차이점은 그로부터 얻는 지혜의 깊이가 아니라 소통하는 방식에 있기 때문이다. 프루스트는 이렇게 말한다. "독서는 대화와 정반대로 혼자 있는 상태에서 다른 사람의 생각을 받아들이는 것이다." 가령 우리는 혼자 책을 읽을 때는 지적 능력을 십분 발휘하다가도 누군가와 대화를 시작하면 곧바로 그 능력이 흐트러지고 만다. 반면 독서를 할 때 우리는 영감에 불타면서도 혼자 있을 때처럼 자신에 대한 성찰적 작업을 충실히 해낼 수 있다. 프루스트는 독서를 "고독의 한가운데에서 일어나는 소통이라는 유익한 기적"이라고 부른다. 그가 볼 때 책의 진정한 가치는 저자의 생각을 일방적으로 '전달'하는 데 있지 않고 읽는 사람의 생각을 '촉발'하는 데 있다.

프루스트는 책을 읽을 때 나타나는 진리란 다른 사람(저자나 다른 누구)으로부터 전수받는 것이 아니라 읽는 사람 스스로 창조해야 하는 것이라고 말한다. 우리는 책이 답할 수 없는 질문을 책에 던진다. 그때부터 궁리가 시작된다. 독서의 역할은 우리를 생각의 길로 들어서는 입구의 '딱 문턱까지만' 인도하는 것이다. 프루스트는 마치 지금 스크린에 빠진 현대인을 예견이나 한 듯, 자신의 정신을 가동하지 않고 자기 밖의 것에 의지해 수동적인 삶을 사는 사람을 다음과 같이 묘사한다. 지금의 상황을 예견이라도 한 것 같아, 길지만 그대로 인용하겠다. "외부의 도움이 없는 경우, 그들은 자신을 영원히 망각한 채 피상적 삶에 머무르게 된다. 그러면서 온갖 쾌락의 장난감이 되어 주위 사람들에게 휘둘리며, 주변의 수준에 맞추는 수동적인 삶을 살게 된다. 피상적인 삶을 사는 사람들은 그들이 가진 고결한 정신을 깡그리 잃고, 결국에는 그것에 대한 기억조차 잊게 될 것이다. 이런 사람들이 스스로 생각할 힘과 창조할 능력을 되찾으려면 외부 충동이 작용하여 반강제적으로 그들을 능동적인 정신세계로 인도해야만 한다. (……) 이때 필요한 것은 외부에서 오는, 그러나 그 작용 자체는 우리 내면에서 이루어지는 개입이다. 말하자면 이때 충동은 외부, 즉 우리가 아닌 다른 데서 오지만 그 개입 행위 자체는 완전한 고독 속, 즉 홀로 있는 상황에서 이루어진다."

잠들어 있는 정신을 깨우는 것은 외부에서 와야 하지만 자기 정신을 되찾는 일은 고독 속에서만 가능하다. 자신의 내면을 여는 일이기 때문이다. 그렇다고 혼자 있기만 하면 되는 것도 아니다. 이때 책은 정신을 깨우는 촉매 역할을 해낸다. 이와 같은 '고독 속의 정신 일깨움'을 프루스트는 독서로 정의했다. 하지만 독서는 정신의 가동을 독려하는 자극으로만 작용할 뿐, 결코 우리 자신의 정신 활동을 대체할 수는 없다. 만일 정신의 눈을 뜨게 해 주는 걸 넘어서 개인의 삶 자체를 대신한다면 독서는 오히려 위험천만한 일이 된다. 프루스트는 이처럼 독서를 '고독 속의 대화'로 재정의함으로써 글의 형태로 박제화할 수 있는 지식에 대한 소크라테스의 우려를 불식하는 한편, 읽기가 인간 정신에 가져다준 무한한 이점을 명확히 보여 주었다.

읽기가 주는 선물, 비옥한 사유의 시간

앞에서 본 것처럼 문자 사용은 인간의 지적 발달에서 결정적으로 중요한 능력, 즉 문서화, 체계화, 분류, 조직화, 언어의 내면화, 자신과 타인에 대한 의식, 의식 자체에 대한 의식 등을 발현할 수 있는 인지적 발판을 제공했다. 그러나 이 모든 능력을 충분히 발휘할 수 있게 하는 핵심 요인은 읽기 자체가 아니라고 울프는 말한다. "이 모든 능력의 발달에 촉진제 역할을 한 것은 읽는 뇌의 설계에서 핵심인 '생각할 수 있는 시간'이라는 비밀스러운 선물이었다." '초월적 사고를 하는 시간'이라는 이 신비한 무형적 선물이 바로 읽는 뇌가 이룩한 가장 큰 업적이다.

　뇌과학의 길을 걷기 전 문학도를 꿈꿨던 울프는 뇌에서 일어나는 깊이 읽기의 마법 같은 작용을 다음과 같이 시적으로 표현한다. "순간적으로 행간에 잠시 머무는 이 내재적 시간이 지식을 발전시키고 덕에 대해 사색하고 단 한 번도 표현되지 않았던 것을 분명하게 말할 수 있는 인간 능력의 발판이 된다. 그렇게 표현된 말은 다시 새로운 생각의 도약대를 만든다. 그러면 인간은 그것을 딛고 심연으로 돌진할 수도, 창공으로 날아오를 수도 있다."

　책과 함께하는 도약의 희열을 맛본 사람이라면 누

구나 마음 깊이 수긍할 것이다. 소크라테스가 미처 알지 못했던 읽기의 가장 중요한 비밀이 바로 뇌를 자유롭게 도약하도록 해 주는 이 찰나의 시간이다. 이 도약의 시간은 글을 막힘없이 읽을 수 있을 때 비로소 얻게 되는 선물이다. 읽기가 능숙해져 거의 자동화되면 뇌는 아주 조금의 시간 여유만 생겨도 점점 더 많은 은유, 추론, 유추를 해낼 수 있고 감정과 경험적 배경지식을 통합해 낼 수 있다. 그만큼 글을 읽기 전과 다른 방식으로 생각하고 느낄 수 있도록 뇌가 빠르게 작동하는 것이다. 느림의 미학이라는 말도 있거니와, 시나 그림, 음악 같은 예술 작품 혹은 삶에서 전체를 이해하려면 잠시 멈춤 혹은 느린 속도의 움직임이 필요하다. 실제로 우리 뇌에는 '지연 뉴런'이라는 것이 있는데, 다른 뉴런의 신경회로 전달 속도를 극히 짧은 시간 동안 지연시키는 것이라고 한다. 우리는 읽기가 유발하는 지연을 통해 지혜를 얻는 법을 배운다. 울프는 이렇게 말한다. "시간이라는 선물은 '끝없이 기상천외한 사고'를 할 수 있는 능력의 생리적 기반이 된다. 독서 행위에서 이보다 더 중요한 것은 없다. 순간의, 단 0.5초의 독서 행위일지라도 거기에는 막대하고 복잡하고 광대하게 분포된 뇌 신경망의 기저 작용이 필요하다. 이때 인지적, 언어적, 감정적 프로세스에 참여하는 뉴런들이 거의 동시에 발화한다. 이 소중한 찰나의 지연 덕분에 우리 뇌는 순서와 질서에 맞춰 현상을 이해할 수 있게 된다."

읽기는 뇌 회로를 재편한다

문자를 알기 전 고인류의 뇌와 오늘날 우리의 뇌는 구조적으로 크게 다르지 않다. 21세기 현대인도 고대 수메르인이나 이집트인 조상과 동일한 구조의 뇌 신경회로를 갖고 있다. 다만 이 회로를 연결해 사용하는 방법에 차이가 있을 뿐이다. 인간은 읽기와 쓰기라는 발명을 통해 뇌의 기능과 지적 역량을 키워 나갈 수 있었다. 울프는 프루스트와 마찬가지로 이것을 '기적'이라고 부른다. 독서는 뇌의 기존 구조 내에서 신경회로의 연결을 재편한다. 이때 특히 패턴 인지같이 각 영역의 특화된 능력을 최대한 활용한다. 이 과정에서 새로 형성된 회로가 극도로 자동화되면서 뇌는 피질의 더 많은 영역과 시간을 훨씬 더 복잡한 사고 처리 과정에 할당할 수 있게 된다. 한마디로 독서는 뇌 조직의 기본 설계 원리가 끊임없이 진화해 가는 과정에서 인간의 인지 발달을 지원하고 새로운 회로의 형성을 돕는다.

인간은 독서를 함으로써 그전까지 개개인의 인지 활동을 제한했던 생물학적 기억의 한계에서 해방될 수 있었다. 그 결과 개인적으로나 집단적으로 지식이 엄청난 규모로 확장되었다. 문해력은 개인을 기억뿐만 아니라 시간의 한계에서도 해방시켰다. 자동화 능력을 통해 초기 해독에 드는 시간을 줄임으로써 문자화된 생각을 깊이 분석하는 데 인지력을 더 많이 할당할 수 있게 된 것이다.

문자 체계의 탄생으로 단순히 뇌 회로만 바뀐 것이 아니다. 문자라는 도구 사용에 능숙해지면서 참신한 사고에 힘을 쏟을 수 있는 여력이 더 커졌다. 독서를 하기 위해 뇌가 만들어 내는 새로운 회로와 경로가 혁신적인 사고의 토대가 된 것이다. 문자 덕분에 기억의 효율이 높아지면서 새로운 형태의 사고도 가능해진 셈이다. 읽기와 쓰기를 통해 우리 정신은 한층 정교해졌고, 그 역량은 지속적으로 단련만 한다면 계속 커질 수 있다.

수메르의 필경사를 양성하던 전문학교 학생들은 선생님이 준 서판 뒷면에 단어를 베껴 쓰면서 글을 익혔다.

이를 통해 글자를 읽는 능력뿐 아니라 신중히 숙고하는 법도 단련할 수 있었다. 『길가메시』 같은 아카드어 문학 작품에는 당시 글을 쓴 사람의 내면이 표현되어 있다. 이런 고대 저술은 흔히 현대적 의식이라 생각되는 것이 그때부터 이미 싹트기 시작했음을 보여 주는 증거라고 울프는 설명한다.

예수회 신부이자 문화역사학자인 월터 옹은 구술문화에서 문자문화로 넘어오며 인간 정신이 본격적으로 어떤 변화를 겪었는지 깊이 연구했다. 그는 인간이 선천적으로 타고난 구술성orality과 생후 터득한 글쓰기라는 기술technology of writing이 상호작용하면서 인간 정신이 깊이를 더하게 되었다고 봤다. 먼저 명료한 언어를 통해 처음으로 인간 의식을 밝힌 것은 구어다. 대상을 구분하거나 서로 관련지으며 사회 안의 모든 인간을 연결하는 역할을 해 소통의 그물망으로 자리한다. 이어 문자의 사용은 사물로부터의 소외alienation, 즉 사물을 대신한 별도의 기호로서 인식을 낳지만 동시에 우리의 인식에 한층 높은 통일성unity을 부여한다. 또한 언어를 사용해 사고하는 주체의 자아의식을 강화하고 사람들 간에도 보다 의식적인 상호작용을 촉진한다. 문자의 사용은 인간의 의식을 집중시키고 고양시킴으로써 생각에 대해 생각할 수 있는, 이른바 메타인지능력을 한껏 끌어올리는 것이다.

무엇을 어떻게 읽느냐가 미래를 좌우한다

우리가 어떤 사람이 되느냐는 무엇을 보고 듣고 체험하는가에 달렸다. 어떤 점에서 책은 직접경험보다 더 많은 체험을 가능케 한다. 동서양에서 책을 수련과 수양의 도구로 삼은 것은 그 때문이다. 책이 정신적 교감을 통해 인간에게 선한 영향을 준다는 것을 체험적으로 알았던 것이다. 책에는 저자가 인생 경험을 통해 얻은 값진 경험과 교훈이 다양한 형식으로 담겨 있다. 책을 읽음으로써 작가의 체험에 동참한 독자는 책장을 덮을 때쯤 자기만의 새로운 길로 나아가게 된다. 이런 식으로 독서는 종종 읽는 사람의 삶을 바꿔 놓는다.

같은 책을 읽더라도 독자의 이전 삶에 따라 독서가 선사하는 체험은 달라진다. 책이 삶을 바꿔 놓는다는 말은 과장으로 들릴지 모르나 엄연한 사실이다. 그저 독서가 일으키는 변화의 속도가 요즘 다른 분야에서 흔히 기대되는 것처럼 빠르지는 않을 뿐이다. 책이 우리를 변화시키는 속도는 꽃이 피는 속도, 풀이 자라는 속도와 같다. 가만히 지켜보고 있으면 아무런 변화가 없는 것 같지만, 어느새 꽃은 활짝 피고 풀은 훌쩍 자라 있다. 책은 그처럼 느리게 서서히 자기만의 속도로 영향을 미친다.

그 변화의 속도나 양상은 책에만 달린 것도 아니다. 텍스트와 독자의 관계는 상호적이며 역동적이다. 『독서의 역사』의 저자 알베르토 망겔이 말했듯이, 현실과는 다른 생각의 세상에 몰입했다가 나왔을 때 우리는 더 이상 예전의 우리가 아니다. 이런 경험 이면에는 생리학적 상관관계가 존재한다고 매리언 울프는 뒷받침한다. 독서가 숙련 단계에 도달하면 뇌의 뉴런에도 뚜렷한 변화가 일어난다는 것이다. 따라서 숙련된 독서가의 뇌를 촬영하면 전보다 한층 다양하고 많은 회로 영역을 사용하는 것을 볼 수 있다. 울프는 이렇게 말한다. "독서 발달의 끝이란 존재하지 않는다. 끝없는 독서의 이야기는 앞으로도 끝없이 이어질 것이며 매 순간 뇌와 독자를 변화시키고 눈과 혀와 단어와 작가를 남겨 둔 채 '싱싱하고 푸르른 진실이 솟구치는' 새로운 곳을 향해 전진해 나갈 것이다."

AI는 세상 모든 책을 읽으려 든다

8

아주 어렸을 때 누나들이 저를 도서관에
데려갔고, 그 덕에 제 삶이 바뀌었지요.
— 해롤드 블룸

책은 불씨를 품은 마법의 램프다. 사람의 마음에 불을 옮
겨붙이고 결국에는 스스로 타오르게 한다. 그 불길에 마
음이 요동치고 생각이 바뀌고 삶이 변한다. 다만 책은 겉
으로 봐서는 무덤처럼 고요해서 안에 불씨가 든 줄도 모
른다. 어느 순간 열어 본 책 속의 불씨가 운 좋게 마음의
심지에 닿아 밝게 타오르는 과정은 영국 작가 루이스 캐
럴이 『이상한 나라의 앨리스』에서 묘사한 토끼굴로 빠
져듦, 꼭 그것이다. 사이버네틱스의 창안자 노버트 위너

의 평전 『정보시대의 다크 히어로』에도 그런 일화가 나온다. 위너는 더 말할 것도 없고, 이 책에는 그 못지않은 천재들이 등장한다. 그중에 월터 피츠라는 젊은 수학자가 있다. 위너보다 스무 살 아래로 동료이자 애제자였던 그는 당대 최고의 석학 버트런드 러셀로부터도 일찍이 신동이라는 말을 들은 보석 같은 수재였다. 지금 그를 소개하는 것은 그의 남다른 천재성 때문이 아니라 독서라는 사건이 한 인간의 운명을 바꿔 놓기도 한다는 사실을 보여 주기 위해서다.

읽기와의 만남이라는 일대 사건

1923년 디트로이트의 노동자 가정에서 태어난 피츠는 어릴 적에 무척이나 불우했다. 집안 사정은 어려웠고, 배관공인 아버지와 형들은 걸핏하면 그를 때렸다. 폭력에 시달리다 결국 집을 나와 거리를 떠돌았다. 열두 살 때 불량배에게 쫓겨 피신한 곳이 도서관이었다. 거기서 우연히 펼쳐 든 책이 『수학 원리』Principia Mathematica, 당대 최고의 석학 버트런드 러셀과 앨프리드 노스 화이트헤드가 함께 쓴 총 3권의 대작이었다. 이 책에 빠져든 피츠는 일주일 동안 도서관에 머물며 세 권을 다 읽었다. 심지어 첫 권에서 발견한 오류를 지적한 글을 저자인 러셀에게 보냈다. 러셀은 피츠에게 케임브리지대학으로 와서 공부하라는 초청장을 보냈다. 당시 열세 살의 가출 소년이었던 피츠에게 영국 유학은 생각할 수도 없는 일이었다. 그로부터 2년 후인 1938년 가을, 피츠는 당시 시카고대학에 교환교수로 와 있던 러셀을 찾아가 강의를 들었다. 고등학교 졸업장도 없이 대학의 비공식 학생이 된 것이다. 노숙자 신세에 주급 4달러를 받고 일하던 처지의 그로서는 당연히 등록금을 낼 형편이 못 됐지만 곧 비상함을 인정받아 장학금을 받고 학교를 다니게 되었다. 그 후 위너 '사단'에 들어가 인간의 뉴런 구조와 원리에 기초한 인공지능 개발에 중대한 공헌을 했다. 인생 초입부터 막장 같은 삶을 살아야 했던 불우한 소년에게 우연히 마주친 책은 말 그대로 구원의 밧줄이었다.

최근 디지털 기술 발전의 가속화와 함께 재조명받는 철학자 베르나르 스티글레르도 독서를 통해 '구원'을 경험한 사람이라고 할 수 있다. 그는 생계를 위해 무장 강도로 나섰다 붙잡혀 감옥살이를 하는 동안 책 읽기와 공부에 깊이 빠져들어 철학자로 뒤늦게 대성할 수 있었다. 1968년 고교 시절 전국적인 반정부 시위에 가담하려고 학교를 그만두기도 했던 그는 툴루즈에서 재즈 카페를 운영하다 빚에 쫓겨 은행 강도가 되었고, 결국 경찰에 붙잡혀 5년형을 선고받았다. 그가 읽고 쓰는 철학자의 삶을 살기로 결심한 곳이 바로 감옥 안이었다. 훗날 자신의 옥중 독서 체험을 두고 그는 감옥이 준 '시간의 선물'이라고 했다. 그가 감옥에서 탐독한 글이 플라톤의 「파이드로스」였다.

앞에서 얘기했지만, 이 『대화편』에서 플라톤은 소크라테스의 입을 빌려 '기억의 기술'로서 글쓰기를 논한다. 이 대목에 주목한 스티글레르는 인간의 읽기와 쓰기에 관해 "책을 읽는다는 것은 텍스트의 해석을 통해 자신의 기억을 해석하는 일이다"라는 자신만의 통찰을 끌어냈다. 나아가 그는 글쓰기를 인류가 발명한 세 번째 기억tertiary memory이라고 불렀다. 왜 세 번째인가? 모든 생명체는 첫 번째(1차)와 두 번째(2차) 기억을 사용한다. 1차 기억이란 자연에 아로새겨진 생물학적 정보를 말한다. 가령 DNA 같은 것. 2차 기억이란 진화한 생물이 복잡한 신경계를 통해 얻는 정보를 말한다. 인간 이외의 종은 대부분 DNA 코드로 표현되는 유전 정보인 1차 기억과 신경계를 통해 얻는 2차 기억만 가지고 있다. 2차 기억은 개별 유기체가 살아 있는 한 계속 축적되지만 죽으면 함께 사라지고 만다. 반면 인간은 여기에 새로운 제3의 기억을 추가한다. 보철물을 사용한 기억이다. 태어날 때부터 지닌 능력이 아니라 인공적인 기술을 활용한 기억 보조 장치를 통한 기억. 스티글레르는 우리가 타고난 머리로 수행한다고 여기는 기억과 학습이 사실은 상당 부분 기술과 불가분의 관계에 있다고 봤다. 이때 기억은 반드시 정신적인 것이 아니라 물질적인 것이 될 수도 있다. 가령 우리는 글과 책, 기록보관소, 데이터센터 같은 외적 도구를 통해 방대한 양의 지식을 저장하고 보존하며, 다양한 방식으로 활용한다.

다른 삶을 상상할 여지를 잃다

스티글레르는 출소 후 자신의 박사학위논문 지도교수였던 자크 데리다의 '파르마콘'Pharmakon 개념에 주목했다. 말과 글의 관계에 오래 천착했던 데리다는 인간의 글쓰기 능력이 어떻게 개별 주체의 정체성을 창조하는 동시에 훼손할 수도 있는지 깊이 탐구했다. 그에 따르면, 글쓰기는 우리의 경험과 지식을 저장하게 해 주기도 하지만 기억을 위한 정신 능력을 저해하기도 한다. 뿐만 아니라 글은 인식 주체의 생생한 경험과 그 즉시 내면에 저장되는 기억 사이의 즉각적인 연결을 단절시킨다. 그 결과 글은 우리의 인지적 한계, 즉 기억력의 한계를 '치료'하지만, 동시에 인지능력을 제한함으로써 '독살'하기도 한다. 그런 점에서 파르마콘, 즉 약이자 독이다.

스티글레르는 데리다의 이 개념을 새로운 미디어 기술에 적용했다. 우리는 디지털 도구를 단순히 '사용'하는 데 그치지 않는다. 디지털 도구는 독성이 있는 약처럼 우리 몸에 변화를 일으킨다. 스티글레르는 이른바 '새로운 야만인'인 산업기술자의 손에 좌우되는 디지털 기술이 우리의 3차 기억을 지배하게 된 결과, 인간 정신은 점점 '프롤레타리아화'되고 있다고 봤다. '프롤레타리아화'란 카를 마르크스의 개념인데, 자본주의 체제에서 노동자가 인간적 잠재력을 발휘하지 못한 채 한갓 생산수단으로 전락하는 것을 말한다. 스티글레르는 산업화 초기에 진행된 프롤레타리아화보다 오늘날 디지털 기술에 의한 프롤레타리아화가 훨씬 더 심각한 문제라고 봤다. 육체노동을 넘어 인간 정신 자체에 가해지는 위협이기 때문이다.

스티글레르는 인간이 발휘할 수 있는 진정한 사고와 계산적 사고를 구분한다. 그는 오늘날 일과 삶에 팽배한 위기가 거침없는 계산적 사고의 파도에 밀려 생각하는 힘, 즉 개인의 주체적 사고 능력을 잃어 가는 데 있다고 봤다. 우리는 계산적 사고의 합리성을 컴퓨터 기술에 맡기고 그것이 일상을 지배하도록 방치하고 있다. 계산적 사고가 진정한 사고와 반드시 상호 배타적인 관계인 것은 아니다. 계산적 사고, 즉 수학적 합리성은 우리가 의지하는 중요한 사고의 보철물 중 하나이기 때문이다. 그러나 디지털 시대의 재앙은 계산적 이성과 이윤 극대화 논리로 구동되는 경쟁적 세계 경제로 인해 많은 사람이 독립적인 성찰의 지평에 이르지 못한다는 데 있다. 개인의 의식 자체를 파악해서 예측하고 적극적으로 형성하려고까지 드는 알고리즘에 의해 자신이 제한당한다는 사실조차 자각하지 못하거나 무신경한 상태로 하루하루를 살아간다.

무엇보다 걱정스러운 것은 디지털 기술이 지닌 강력한 표준화의 힘이다. 빅데이터와 그것을 기반으로 한 인공지능의 확산은 분명 우리에게 적지 않은 편리와 유용함을 더해 주겠지만, 그보다 더 중요한 인간 삶의 다양한 가능성에 대한 우리의 감각을 새로운 틀 안에 가둘 수 있다. 미디어 이론가 마셜 매클루언도 이야기한 것처럼, 우리가 누구이며 어떤 존재인지에 대한 감각은 우리가 사용하는 도구에 의해 형성되고 재구성되기 마련이다. 지금 우리 일상의 모든 측면이 새로운 디지털 기술과 이를 주도하는 소수 집단에 의해 재편되고 있는데, 다수는 이것이 자신에게 어떤 영향을 미치는지 깊이 생각하지 않은 채 사용한다. 그 결과 다른 삶의 방식을 상상할 수 있는 감각과 사고능력을 잃어 간다. 우리의 미래는 새로운 기술에 의해 이미 결정된 것처럼 보인다.

AI는 지적 파트너가 될 수 있을까

인공지능을 인간 지능의 새로운 협력자로 환대해야 한다는 이들도 있다. 『공共-지능』Co-Intelligence의 저자인 이선 몰릭이 대표적인 경우다. 그는 이 책에서 생성형 AI를 인간과는 다른 또 하나의 지능체이자 인간의 지적 협력 동반자로 설명한다. 인공지능은 그전까지 인류가 개발해 사용해 온 여느 도구와는 다르다. 인간의 자연어로 사람처럼 대화하며 피드백을 주고받고 다양한 일에 도움을 준다. 이런 인공지능을 충분히 잘 사용하려면 마치 동료나 조수처럼 의인화해서 상대할 필요가 있다고 말한다. 또 다른 인격체persona인 듯 대하라는 것이다. 그러나 여기에는 위험이 따른다. 인공지능은 단지 나름의 취약점과 접근방식을 가진 소프트웨어라는 사실을 잊게 만들 수 있기 때문이다. 더욱이 AI는 심심찮게 잘못된 답을 건네거나, 매번 다른 답을 주거나, 사용자의 감정에 영합하거나 조종하려 들기도 한다. 단순한 도구가 아니라 우리가 아직 완전히 알지 못하는 기능을 가진 지능체에 가깝다. 이러한 시스템에서는 사람들이, 심지어 그것을 제작한 프로그래머조차 예상하지 못한 일이 일어나기도 한다. 생성형 AI가 토대로 삼는 대규모 학습 데이터의 깊숙한 곳, 다양한 알고리즘이 결합되는 방식의 기저에는 우연성, 무작위성, 마치 개성처럼 느껴지는 무언가를 부여하는 새로운 특성이 있다.

인간의 언어로 된 방대한 규모의 텍스트로 '학습'한 AI는 문장의 행간에서 사용자의 의도를 추측하는 데 능숙하다. 물론 추측이 빗나갈 때도 있지만 많이 사용할수록 정확도는 높아진다. 때문에 챗봇이 의식 있는 주체처럼 느껴질 때가 있다. 하지만 인공지능은 인간이 생각할 때와 같은 내부 독백이 없다. 사용자의 지시에 따라 작동할 뿐 독자적으로 사고하지는 못한다. 인공지능은 그저 다음 단어 또는 단어의 집합을 생성할 뿐이다. 아무리 복잡해 보이더라도 결국 같은 방식의 작업을 단계적으로 수행해 나가는 것일 뿐이다.

어쨌든 누적되는 학습 데이터가 많아질수록 AI의 오류는 줄어들 것이다. 그럼에도 AI가 하는 일은 확률에 따른 단어 근사치의 배열로 환각을 일으키는 것일 뿐 거기에 '자율 정신'은 없다. 따라서 인공지능은 인간의 모든 것을 대신할 수 있는 존재라기보다 일종의 증폭기, 피드백 메커니즘, 생각의 파트너로 유용해 보인다. 그런 인공지능은 개발 기업의 경쟁으로 다양한 형태로 우리 일상에 빠르게 스며들 것이다. 점점 더 흥미로운 인공지능이 등장할 것이고, 사람들은 AI를 점점 매력적인 수단으로 보게 될 것이기 때문이다. 유발 하라리는 앞으로 AI의 치명적인 강점은 똑똑함intelligence보다 친밀감intimacy이 될 거라고 예측한다. 가즈오 이시구로가 소설 『클라라와 태양』에서 그렸듯 앞으로 사람들은 그 어떤 영리한 비서보다 초경쟁 사회에서 파편화된 개인의 외로움을 달래 줄 '인공 친구'Artificial Friend를 필요로 하게 될지 모른다.

주인과 노예가 뒤바뀔 위험

지능적인 영리함에서든 감정적인 친밀감에서든 인공지능이 인간과 점점 가까워지면 어떤 일이 일어날까? 사람들은 점차 무슨 일이든 직접 수행하기보다 인공지능의 대행에 의존하게 될지 모른다. 매사에 쉽고 빠르고 편리한 것을 추구하는 경향은 관성으로 자리 잡은 지 오래다. 사람들은 한 번의 클릭이나 한마디 지시어로 필요한 일을 해결하는 데 익숙해질 것이다. 복잡한 일 처리 과정은 하나둘 기계에 넘겨지고 삶은 눈앞의 스크린을 훑거나 터치하는 것으로 점점 단순해진다. 기계에 넘겨질 목록 앞 순위에는 읽기와 쓰기도 올라 있다. 챗GPT가 나온 직후부터 각급학교는 비상이 걸렸다. 학생들이 인공지능으로 작문 숙제를 할 것이라는 우려 때문이었다. 우려는 이미 현실이 되었다. 곧바로 인공지능을 사용한 글을 가려내는 프로그램이 개발되는가 하면, 이참에 아예 인공지능을 학교 교육의 동반자로 적극 활용해야 한다는 목소리도 커지고 있다.

전통적으로 교육은 수련 과정으로 여겨져 왔다. 수련은 학습자의 수고와 인내를 동반한다. 그러나 쉽고 빠르고 편리하다는 가치가 교육과 학습의 장에도 급속하게 스며들고 있다. 인공지능 개발자나 기업은 인공지능이 인간의 '불필요한' 수고를 덜어 준다고 선전한다. 힘든 일을 피하거나 떠넘기려는 것은 인간의 본능이다. 글을 쓰는 사람이나 과제물을 작성해야 하는 학생은 초안 잡기나 긴 내용 요약하기 등을 인공지능에 대신 맡기고 싶어 한다. 하지만 창의적인 일을 하는 사람이라면 힘든 수고와 산통이란 반드시 거쳐야 하는 관문이다. 창의적인 사고는 수고스러운 일을 헤쳐 나가는 과정에서 뿌리를 뻗고 가지를 친다. 힘들어서 기피하거나 떠넘기고 싶은 일에 바로 인간적인 창의력의 본질을 형성하는 요소가 들어 있다고 창작자들은 말한다. 창조란 기존의 것을 의심하고 도전하고 허물고 새로 짓는 것이기에 그 과정은 수고스럽고 고통스러울 수밖에 없다. 글을 쓰고 읽는 것도 마찬가지다. 단번에 소화하기 쉽지 않은 길고 복잡한 글을 찬찬히 읽으며 이모저모를 따져 보고 궁리하는 과정에서 자신만의 새로운 생각의 날개가 돋고 자란다.

헬스장에서 무거운 역기를 대신 들어 준다고 좋아할 사람은 없다. 사고의 근력을 키우는 일도 다르지 않다.

하버드대학에서 학생들을 대상으로 비교 실험을 한 적이 있다. 학생을 두 집단으로 나누어 한 집단은 꽤 재미있는 일련의 강연을 듣게 하고, 다른 집단은 능동적인 학습을 하게 했다. 그리고 시험을 쳤다. 능동적 학습 집단은 수업 시간이 그리 즐겁지 않았으며 많이 배운 것 같지도 않다고 답했다. 하지만 시험에서는 이들의 성적이 더 나았다. 자신이 모르는 것과 씨름하고 애써야 했기 때문이다.

쉽고 빠르고 편리하다는 이유로 인공지능에 의존하다 보면 주어진 답에 익숙해지고 익숙한 생각의 틀에 묶이고 만다. 과거에도 그랬듯이 자신의 사고와 판단을 중시하는 사람은 새로운 첨단 도구인 인공지능도 필요에 맞게 적절하고 요긴하게 사용할 테다. 문제는 쉽고 빠르고 편리함에 무심코 길들어 가는 다수의 사람들이다.

이선 몰릭은 인공지능을 '생각에 대한 보철물'이라고 칭하면서, 인간의 사고를 돕는 최초의 보철물이라고 했다. 하지만 정확히 말하면, 인류에게는 그전부터 생각하는 능력을 도와 온 강력한 보철물이 있었다. 짜임새 있는 글 묶음인 책이다. 2020년 1월 존스홉킨스대학의 이론물리학자 재러드 캐플런은 인공지능에 관한 획기적인 논문을 발표했다. 논문의 요지는 명료했다. 온라인 챗봇을 구동하는 기술인 대규모 언어 모델은 학습 데이터가 많을수록 더 나은 성능을 발휘할 수 있다는 것이다. 대규모 언어 모델은 텍스트의 패턴을 더 잘 찾아내고 더 많은 정보로 더 정확해질 수 있다. 학생이 더 많은 책을 읽으면 더 많은 것을 배우는 것과 같은 논리다.

실제로 인공지능은 지금 책 읽기에 열심이다. 기계 학습에 쓰일 데이터로 양질의 텍스트가 필요하기 때문이다. 인터넷을 떠도는 평판 좋은 텍스트는 지금까지 AI의 좋은 학습 데이터로 (대개는 무단으로) 사용되었지만, 조만간 소진될 것이라고 전문가들은 전망한다. 때문에 AI 개선 경쟁에서 우위를 차지하려는 테크 기업들은 다급해졌다. 개선 경쟁은 참신한 양질의 데이터를 얻기 위한 필사적인 사냥으로 이어지고 있다.

AI 개발자와 기업은 양질의 텍스트로 책만 한 게 없음을 누구보다 잘 안다. 마크 저커버그의 메타는 미국의 대형 출판사*를 통째로 인수하려고 했다. 또 다른 회사는 인간이 만든 유기적 데이터가 아니라 인공지능 모델

---

* J. K. 롤링, 스티븐 킹 같은 인기 작가의 책을 출판하는 사이먼 앤드 슈스터.

이 생성한 합성 텍스트로 AI를 학습시키는 길을 모색하고 있다. 하지만 이는 일종의 동종 교배와 같아서 인공지능 모델의 단점과 한계를 강화하는 루프에 갇힐 수도 있다고 전문가들은 지적한다. AI가 세상의 모든 책을 읽으려 드는 지금, 정작 인간이 책을 멀리하고 인공지능에 의지한다면 그 결과는 어떠할까?

독서의 양극화, 앎의 양극화는 더욱더 심해질 것이다. 책을 읽지 않고 스스로 생각하지 않는 사람이 많아지면, 소수의 자본-기술 권력은 다시 다중의 몽매를 이유로 더 똑똑해진 기술에 의한 지배 관리를 정당화하려 들 것이다. 그러면 민주주의는 자본-기술 권력에 의한 사실상의 디지털 전체주의(어떤 이들은 디지털 봉건제라고도 부른다)로 전락할 위험에 처할 것이다.

긴 글을 느리게 깊이 읽어야 한다

사실들을 알기 위해 바깥의 원천에 지나치게
의존한다는 것도 문제지만 지금 더 심각한 것은
동떨어진 단편적인 정보를 수집하는 마음 상태가
예전의 '정상적인 사고 과정' 즉, 내면화한 개념 틀
속에서 점들을 연결해 사실을 활용하는 사고
과정을 대체했다는 데 있다.

— 수전 그린필드

온라인 서점 아마존이 전자책 단말기 킨들을 선보였을
때 나는 미국에 체류 중이었다. 한 손에 쥘 수 있는 기기
로 수많은 책을 언제든지 불러내 읽을 수 있다니 신기하
기만 했다. 게다가 가격마저 턱없이 쌌다. 아마존은 사업
초기에 가격 파괴 정책으로 전자책 시장을 공략했는데,
대부분의 책이 9.99달러였다. 그때부터 영어 원서를 킨

들로 읽기 시작한 것이 지금까지도 습관처럼 이어지고 있다. 한국에 돌아온 후 내친김에 국내 도서도 전자책 단말기로 보려고 했지만, 당시 출시된 국내 단말기는 성능도 떨어지고 출판사도 전자책 발행에 소극적이어서 포기하고 말았다. 지금은 국내 단말기도 많이 좋아지고 출판사도 종이책과 함께 전자책을 동시 혹은 큰 시차 없이 출간하는 편이다. 그래도 국내 도서는 웬만하면 종이책으로 본다. 이유는 차차 설명하겠다.

요즘은 전자책보다 오디오북에 더 호감이 간다. 식사를 준비하거나 혼자 밥을 먹을 때 종종 장편소설을 오디오북으로 즐겨 듣는다. 박경리의 『토지』나 조정래의 『한강』 같은 작품을 전문 성우가 사투리를 섞어 가며 낭독하는 것을 들으면 꼭 라디오로 대하드라마를 듣는 것 같다. 반면 요즘 대세인 동영상은 그리 즐겨 보지 않는 편이다. 특히 휴대용 디지털 단말기로는 그렇다. 간혹 좋은 영화가 개봉했다는 소식을 들으면 어두컴컴한 벙커 같은 영화관에 가서 큰 화면에 푹 빠져 관람하기를 즐긴다. 이 정도면 그래도 다매체 시대를 향유하는 멀티 리더라고 할 수 있지 않을까.

'책은 어떻게 읽는 것이 좋은가요?'

주로 책과 관련된 일을 하다 보니 만나는 사람들로부터 책은 어떻게 읽는 것이 좋으냐는 질문을 종종 받는다. '어떻게'라는 말은 여러 의미가 있을 수 있지만, 여기서는 책을 '어떤 도구'를 '어떻게 사용해' 읽느냐의 문제로 좁혀 생각해 보겠다. 읽기 도구에 관한 논의는 대체로 전통적인 종이책과 그다음에 줄지어 등장한 전자책, 오디오북, 멀티미디어 북을 아우르는 디지털 북으로 나눠 각각의 장단점을 거론하는 방식으로 이뤄진다. 좀 더 단순화하면 종이 매체와 스크린 매체 간의 비교다. 이때 종이 매체란 단행본뿐만 아니라 인쇄된 모든 문서를 뜻한다.

종이로 읽는 것이 좋은가, 스크린으로 읽는 것이 좋은가 하는 이분법적 논쟁은 어느 정도 가닥을 잡아 가는 것 같다. 요컨대, 인간의 신체와 친숙한 아날로그 매체인 종이책은 우리의 독서 생활에서 아직은 중심적인 지위를 잃지 않았다. 종이로 읽을 때 우리는 시각과 더불어 촉각과 후각, 공간감각 같은 다양한 감각을 책의 물성과 연결시킴으로써 기억과 연상작용을 비롯한 인지 활동에 적잖은 도움을 받는다. 초반에 종이책을 위협할 것처럼 빠른 성장세를 보이던 전자책이 전체 시장의 30퍼센트 선에 머문 것이나, 사람들이 같은 조건일 때 여전히 종이책을 선호하는 이유는 그 때문이다. 하지만 종이가 지닌 물성에는 여러 제약도 따른다. '벽돌책'이라는 말도 있지만, 그 정도의 두께가 아니어도 책은 일정한 부피를 차지하고 무게도 제법 나간다. 휴대성과 이동성이 모든 상품과 서비스에서 상위의 경쟁력인 요즘 부피와 무게는 무시할 수 없는 약점이다. 그런 물리적 제약에서 자유로운 디지털 스크린 기기는 사용과 휴대와 보관이 상대적으로 용이하고 편리하다. 특히 디지털네이티브인 젊은 세대는 일찍부터 손에 익은 디지털기기가 읽기 도구로도 더 친근하게 느낀다. 부모 세대 역시 일상의 많은 것이 디지털화되면서 종이책에 대한 호감과는 상관없이 독서를 비롯한 여러 감각이 점점 디지털 친화적으로 바뀌고 있다. 디지털기기는 그것대로 제작사가 읽기 매체로서의 성능과 접근성을 높이며 이용자의 범위를 점점 넓혀 가고 있다. 최근에는 '귀로 읽는' 오디오북의 사용도 늘면서 바야흐로 다매체를 이용한 멀티 리딩이 큰 흐름으로 자리 잡았다.

종이책과 디지털기기

이런 상황에서 어느 매체가 읽기에 더 좋은가를 논할 때 주의할 점은 일종의 '물신주의'다. 물신주의는 특정 사물을 신비화해 그 효과나 위력을 맹신하는 태도를 말한다. 독서에서 물신주의를 경계해야 하는 이유는 어떤 매체를 옹호하든 그것에 대한 맹신이 자칫 읽는 사람의 능동적인 수고와 노력을 간과하게 만들 수 있기 때문이다. 독서 문화에서 나타나는 물신주의는 두 가지, 하나는 종이책 물신주의, 다른 하나는 디지털 물신주의다. 전자는 아주 오래된 것이고, 후자는 최근에 등장해 빠르게 커지고 있다.

먼저 종이책 물신주의를 살펴보자. 요즘 독서의 퇴조를 이야기할 때마다 뒤에 따라붙는 진단이 있다. 디지털기기, 특히 스마트폰 때문에 사람들이 책과 멀어진다는 것이다. 둘의 상관관계를 넘어 인과관계도 따져 봐야 할 문제이지만, 이런 인식에만 머물면 독서계나 출판계는 독서 인구 소멸의 위기감에서 헤어날 길이 없다. 디지털 기술로 인한 사회 변화는 이미 거스를 수 없는 물결이 된 지 오래이기 때문이다. 독서를 종이책에 국한해서 생각하는 고정관념에서 벗어나지 못하면 점점 더 위력을 더해 갈 디지털 환경에서 독서 수요에 대한 대응은 그만큼 늦어지고, 아직 실험해 보지 못한 새로운 독서의 가능성을 열 기회마저 놓치게 된다.

읽기의 수단이 꼭 종이책이어야 할 필연적 이유는 없다. 다만 읽기를 지원하는 디지털기기가 아무리 좋아졌다고는 해도 그것이 대신할 수 없는 종이책만의 고유한 특성은 여전히 존재한다. 그럼에도 종이책 역시 수백 년 전 인쇄 혁명과 함께 서서히 진화하고 확산되어 온 기술 매체이고, 독서라는 활동 또한 그런 책의 변천과 함께 진화해 온 인류의 능력이다. 책이라는 물건 자체가 어떤 영구불변한 가치의 유일한 담지체일 수는 없으며, 역사적으로 당대 기술 사정과 그에 대한 인간의 태도에 따라 상황은 얼마든지 변할 수 있다. 종이책으로 읽어야 '진정한' 독서가 가능하다는 말도 불변의 진리라기보다 종이책을 오래 사용한 특정 시기 세대의 익숙함이나 관성적인 사고에서 비롯한 소감일 수 있다. 하지만 인간이 환경 변화에 대단히 민첩하게 적응하는 것도 사실이다.

실제로 사람들은 급변하는 미디어 환경에서 종이책과 빠르게 멀어지고 있다. 그 이면에는 기술 발전에 따른 인식과 행동의 변화가 자리 잡고 있다. 책은 잠시 논외로

하더라도 신문 기사나 보고서, 논문 같은 경우 얼마 전까지만 해도 종이와 디지털 사이에서 고민했지만 어느새 디지털이라는 단일 선택지로 빠르게 옮겨 가는 양상이다. 이제는 행정과 금융을 비롯한 거의 모든 업무가 전자문서 방식으로 이뤄지는 모습이 자못 당연하다. 종이 출력은 부가적인 것이 되었다.

이제 사람들은 과거 책에서 찾던 정보와 즐거움도 대부분 인터넷과 연결된 휴대용 디지털 단말기로 해결한다. 디지털기기는 그런 수요에 맞춰 빠르게 다변화하고 있다. 글로 된 콘텐츠뿐만 아니라 오디오와 동영상 매체가 양적으로나 질적으로 급격히 성장하면서 다양한 조합의 콘텐츠를 귀나 눈 혹은 둘 다로 소비할 수 있게 되었다. 특히 동영상이 독서에 미치는 영향은 위력적이다. 우리나라 스마트폰 사용자가 유튜브 시청에 쓰는 시간은 2024년 7월 기준으로 월 평균 43시간에 이른다. 더 놀라운 점은 급속한 신장세다. 5년 만에 사용 시간이 두 배 가까이 늘었다. 중국을 제외한 세계 평균이 월 29시간임을 감안하면 걱정스러울 정도다. 많은 사람이 이제 궁금한 것이 있으면 유튜브로 직행한다.

지금 우리에게 피할 수 없는 과제는 디지털매체를

읽기의 중요한 동반자로 끌어들이는 한편, 일상의 기본 설정이 되다시피 한 디지털 환경을 독서 친화적으로 만드는 것이다. 종이책만을 독서와 등식화하다가는 점점 위력을 더해 가는 디지털기기에 모든 것을 뺏기고 말 것이다. 기술 발전에 따른 매체 다변화에 조응하는 노력을 출판계라고 외면할 수는 없다.

그렇다고 반대쪽 함정인 디지털 물신주의에 빠져서도 곤란하다. 사실 종이책 물신주의보다 주의해야 할 점이 더 많다. 그만큼 더 강력하고 매력적이기 때문이다. 최근에는 서울시가 중학교 1학년생 전원에게 태블릿을 나눠 주는 등 공교육 기관이 디지털기기를 활용한 수업 확산에 적극 나서고 있다. 디지털 시대에 필요한 학생들의 경쟁력을 길러 주기 위해서라고 한다. 무엇이 문제일까. 미국 언어학자 나오미 S. 배런은 『다시, 어떻게 읽을 것인가』에서 이런 예를 든다. 미국에서 자동차가 처음 나왔을 때는 운전면허 제도가 없고 차량 등록 제도만 있었다. 차만 있으면 운전 능력은 당연히 따라올 거라고 생각한 것이다. 그러다 차량 사고로 인명 피해가 속출하자 운전면허 제도가 시행되었다. 자동차를 운전할 사람이 적절한 교육을 받고 자격을 갖추는 게 중요하다는 사실을 뒤늦게 안 것이다. 지금 태블릿을 발 빠르게 지급하는 교육 당국은 어떨까. 적지 않은 예산으로 아이들에게 최신 기기만 쥐여 주면 만사가 해결된다고 보는 걸까. 적절한 사용법은 제대로 교육하고 있는 걸까. 디지털기기 사용이 가져올 복합적인 혜택과 부작용은 잘 따져 봤을까.

배런은 앞서 말한 책에서 매체에 따른 읽기의 효과를 엄밀하게 비교한다. 문제는 대다수 디지털매체가 종이책보다 사람들의 생각을 더 얕게 만드는 경향에 있다고 지적한다. 여기서 중요한 것이 매체를 대할 때 마음가짐mindset인데, 학생들은(아마 일반 성인도) 디지털매체를 은연중에 오락물처럼 얕고 가볍게 대한다. 이를 학계에서는 '피상화'shallowing라고 부른다. 반면 학생들이 종이책을 꺼리는 이유는 더 힘들여 천천히 읽어야 한다고 느끼기 때문이다. 쉽고 편한 디지털매체에 맞춰진 학생들의 마음가짐은 종이책 읽기에도 영향을 준다. 전자책을 먼저 접한 아이들은 수고와 인내를 요하는 종이책을 꺼리게 되고, 심지어 종이책을 읽을 때조차 디지털에 길들여진 피상적인 마음가짐을 취하게 된다. 이런 마음가짐은 결국 매체를 불문하고 얕은 읽기의 일반화로 이어질 수 있다. 심지어 요즘은 종이책 출판 관계자도 점점 즉각적인 흥미와 즐거움의 요소를 강화하는 쪽으로 경쟁력을 높이려 애쓴다. 책의 본래 강점이자 목적인 읽기와 생각의 깊이가 점점 얕아지는 피상화의 악순환이다.

디지털 시대의 읽기

독서는 인류의 긴 진화사에서 아주 최근의 문화적 발명품이다. 누구나 태어나면 새롭게 익히고 닦아야 할 고도의 기량이다. 우리는 어릴 적에 글을 읽고 쓰는 데 많은 시간을 쏟았다는 사실을 잊는다. 디지털 기술은 읽기보다 훨씬 더 뒤에 나온 발명이다. 읽기를 지원하는 디지털 기술이 일상에 퍼진 것은 불과 10여 년 사이의 일이다. 전통적인 책, 잡지, 신문 읽기에서 디지털 미디어 읽기로 전환하는 과정에서 우리 사고에 어떤 변화가 일어나는지는 지금도 연구 중이다.

우선 디지털 읽기의 두드러진 특징은 대량의 정보를 쉽고 빠르고 편하게 '처리'할 수 있다는 것이다. 그러나 그만큼 이해력도 동반되는 걸까? 지금까지 연구 결과를 보면 대부분이 회의적이다. 다른 모든 조건이 같을 때 동일한 텍스트를 디지털 화면으로 읽는 것이 종이로 읽는 것보다 이해도가 낮다. 대표적으로 2023년 12월 학술지『교육 연구 리뷰』Review of Educational Research에 실린 스페인 발렌시아대학의 연구에 따르면, 종이책 독서가 디지털 독서보다 이해도가 6~8배 더 높은 것으로 나타났다. 연구진은 2000~2022년 사이에 발표된 독해력에 관한 20건 이상의 연구를 메타 분석한 결과, 장기간에 걸쳐 인쇄된 책을 읽는 것이 디지털 책을 읽는 것보다 이해력을 6~8배 더 높여 준다고 보고했다. 동일한 글을 온라인에서 읽을 때 내용의 이해도가 더 떨어지는 것을 연구자들은 '화면 열등 효과'screen inferiority effect라고 부른다. 디지털로 텍스트를 읽을 때 사람들은 얕은 마음가짐으로 그냥 훑어보는 경우가 많다. 그런 경우 독자는 텍스트에 완전히 몰입하지 못하거나 그 내용의 복잡한 관계를 포착하지 못한다. 화면 열등 효과의 정확한 원인에 대해서는 연구자들도 아직 확실한 답을 내놓지 못했다. 경우에 따라서는 화면으로 읽을 때 발생하는 안구건조증과 시각적 피로가 원인일 수 있다고도 한다. 아무튼 화면 열등 효과로 인해 사람들은 잘못된 정보에 더 취약해져 텍스트 내용의 중요한 불일치를 알아차리지 못하고, 결국 거짓 주장에 오도될 위험이 더 커질 수 있다. 디지

털 시대에 올바른 온라인 문해력(화면으로 읽기) 교육
과 학습이 갈수록 중요해지는 이유다.

긴 글을 느리게 깊이 읽어야 한다

거듭 말하지만 독서의 본령은 생각의 깊이(다른 말로는
복잡성)에 있다. 프루스트가 얘기한 대로, 독서란 자기
정신을 가동하는 동시에 다른 정신과 대화하는 것이다.
잘 짜인 사고의 직물texture이라 할 수 있는 책text을 읽는
이유는 오래전부터 지혜로운 사람들이 제기해 온 인간
다운 삶(이것 자체가 계속되는 탐구와 대화의 주제다)
에서 중요한 질문을 함께 생각해 보고 답을 찾아가는 데
다른 어떤 것보다 밀도 있는 도움을 받을 수 있기 때문이
다. 어떤 점에서 깊이 읽기를 위한 매체로서 책의 고유
한 가치는 글이 짜인 형식에 있다고도 할 수 있다. 독서
는 그 형식에 정신이 충실히 조응하면서 이뤄진다. 그럼
으로써 인간은 끊임없이 정신을 조율하고 개선해 간다.
전통적으로 인간의 탐구와 수련이 목적이었던 인문학이
독서를 근간으로 삼는 것은 그 때문이다. 동서양을 막론
하고 전통적인 인문교육의 핵심은 고전 교육이었고, 고

전 교육의 기본이 텍스트를 읽고 해석하는 훈련이었다. 인간의 사고는 언어와 더불어 체계와 정교함을 더해 왔거니와, 글의 독해는 생각에 강도와 깊이와 창의력을 더하는 효과적인 정신 수련 방법이기도 했다. 책은 불가해한 세상의 역경과 부조리에 맞서 자신을 추스르고 바라는 형상으로 빚어 가는 데 결정적인 도움을 준다. 그동안 전해져 온 최선의 생각들을 읽고 검토하며 자신의 것과 재조합하는 가운데, 자기 안에 잠재된 것을 스스로 탐사하고 발굴하고 정련해 가는 것이다.

책은 수백 년 세월을 거쳐 개인의 '고독한 대화'에 최적화되어 온 물건이다. 무미건조한 활자를 읽으며 다른 감각을 배제하고 자기 내면에 침잠하게 만드는 매체로는 책만 한 것이 없다. 전자책이 그렇게도 종이책을 닮으려고 하는 데는 이유가 있다. 안타깝게도 현재 우리가 많이 쓰는 디지털기기, 그중에서도 특히 스마트폰은 읽기가 아닌 다목적의 시청각 기기이고 얕고 가볍고 자극적인 정보와 오락물 그리고 광고 접속에 최적화되어 있다. 디지털 시대의 비극 중 하나는 편리한 기기들이 인간보다 이윤을 추구하는 기술에 기반해 경쟁적으로 개발되고 일상에 파고들어 왔다는 사실이다.

종이책이 오랜 시간에 걸쳐 나름 진화의 종착지에 이르렀다고 한다면, 디지털 책은 앞으로 활용 가능한 잠재력이 훨씬 더 크다. 전자책은 가격이 비교적 싸고 대단히 편리할 뿐만 아니라 검색에도 안성맞춤이다. 오디오북은 휴대하기 좋고 러닝머신 위에서도 쉽게 들을 수 있다. 특히 매력적인 낭독자가 읽어 주는 오디오북은 감정이입의 측면에서 문자 텍스트보다 더 효과적일 수 있다. 읽기에 어려움을 겪는 사람은 물론 종이책을 꺼리는 아이에게 오디오북이나 동영상은 독서의 세계로 이끄는 디딤돌이 될 수도 있다. 디지털에 대한 보다 전향적인 태도가 필요한 이유다. 그러나 여기에는 반드시 그만한 주의와 노력이 동반되어야 한다. 이것이 지금 우리가 직면한 훨씬 어려운 문제이고 대단히 미진한 부분이다.

여기서 반드시 짚고 넘어가야 할 중대한 문제는 디지털 기술로의 전환 속도와 양상이다. 특히 청소년에게 지대한 영향을 미치는 학교의 급속한 디지털화는 그것이 문해력이나 독서 기반에 미칠 영향에 대한 충분한 숙고나 대비 없이 경제성과 산업적·공학적 논리에 따라 진행되는 감이 있다. 매리언 울프 같은 인지학자는 다매체 시대에도 중요성을 더해 갈 깊이 읽기 능력을 잃지 않으려면 종이책을 기반으로 점차 디지털기기의 사용 비중과 범위를 넓혀 가면서 여러 매체를 넘나드는 깊이 읽기의 숙달에 이르도록 지도할 필요가 있다고 조언한다.

지금까지 대다수 디지털 기술은 독서에 도움이 되는 느린 속도와 이해의 깊이를 지원하기보다 그 반대쪽으로 부추기는 경향이 강했다. 사람들은 휴대용 디지털기기를 통해 어느 시대보다 많은 양의 글을 읽는다고 하지만 속도에 쫓기면서 읽는 텍스트는 점점 길이가 짧아지거나 맥락 없이 파편화하고 있다. 동영상마저 몇 배속으로 빠르게 보는 사람이 많다. 하지만 깊은 사고 능력은 긴 형식의 글과 느리게 씨름하며 길러지게 마련이다. 지금 우리에게 익숙한 디지털기기는 우리를 점점 얕은 읽기로 몰아 가고 있다는 점을 경계해야 한다.

디지털 시대의 멀티 리더

결국 독서에서도 중요한 것은 역동적 균형이다. 다매체 시대에 능숙한 독서가란 읽기의 다양한 목표와 상황에 맞춰 다양한 매체를 사용한 읽기 기술의 이점을 적절히 활용하는 사람이다. 가령 복잡한 주제를 깊이 이해하기 위해서는 종이 텍스트를 읽고, 가벼운 오락이나 개인 간 소통, 단순 정보를 획득하기 위해서는 디지털 매체를 활용해 읽는 식이다. 궁극적으로는 적시 적소에서 어떤 매체로든 소기의 목적을 달성할 수 있는 읽기를 구사하는 다중 독서가가 되어야 한다. 앞으로 점점 많은 사람이 화면으로 읽기를 수행하리라는 사실을 고려하면 목적에 따라 읽기 전략을 의도적으로 조정할 수 있는 능력이 중요해질 것이다.

적어도 지금의 읽기 관련 디지털기기 사용 환경에서는 어린아이의 경우 종이책으로 읽기의 기술을 쌓고 그것을 토대로 디지털 읽기를 병행하라는 조언이 지배적이다. 매리언 울프가 말하는 '양손잡이 읽기'biliterate reading의 길이다. 이중언어 사용자가 상황에 따라 두 언어를 바꿔 가며 쓰듯이, 울프는 이중 문해 능력자가 되어 목표에 맞게 읽기 방식과 읽기 플랫폼을 바꿔 가며 적용할 수 있도록 아이들을 교육해야 한다고 권고한다. "궁극의 목표는 (……) 매체와 상관없이 깊이 읽기 기량에 시간과 주의를 할애하는 능력을 가진 진정한 양손잡이 뇌의 발달이다." 이를 위해서는 디지털로 읽을 때는 의식적으로 속도를 늦추고, 텍스트에 집중하고, 무엇보다 멀티태스킹 충동을 눌러야 한다. 지금 지배적인 디지털 환경(특히 스마트폰)은 사람들의 주의를 체계적으로 뺏기 위해 설계된 것이다. 학생들에게 태블릿 기기를 무상으로 지급하는 것만으로는 위험하다. 연령, 학년, 수준별로 적절한 읽기와 자율적 사고가 가능하도록 단계적인 인도와 훈련이 필요하다.

디지털 단말기나 플랫폼 회사, 콘텐츠 회사가 깊이 읽기에 적합한 상품이나 서비스를 개발할 필요도 있다. 미디어 기술은 기술자에게만 맡겨 둬서는 안 될 중대한 공적 사안이 되었다. 공공기관이나 학계 연구자가 관련 기업과 협업을 할 수도 있을 것이다. 외국에서는 그런 노력이 이미 다양하게 이뤄지고 있다. 한글 콘텐츠에 최적화된 디지털 읽기 도구(하드웨어와 소프트웨어 양면에 걸친)의 개발 또한 필요하다.

독서는 무엇보다 습관 들이기가 중요하다. 몸의 건강을 위해 균형 잡힌 식생활이 중요하듯이 마음의 양식인 책 읽기도 일상의 습관화로 이어져야 한다. 국민 독서 실태 조사에서도 독서량과 독서 습관의 상관관계가 높게 나온 점에 주목할 필요가 있다.

그런 점에서 디지털 시대에 중요성이 커지는 것이

독서 모임 활동이다. 모임 활동은 독서 습관 기르기와도 직결된다. 독서는 고독한 활동인 만큼 고립되거나 위축되기 쉽다. 인간은 개인이기 전에 무리 동물이라, 무엇이든 함께할 때 더 즐겁고 오래 할 수 있다. 독서도 결국에는 타자와의 대화이자 나눔이며, 그 자체가 궁극의 즐거움이자 보상이 되어야 한다. 독서 모임에서 얻을 수 있는 즐거움은 다른 곳에서 좀처럼 경험하기 어려운 성격의 것이라고 체험자들은 말한다. 얼굴로 마주한 정신의 교감이기 때문이다. 국민 독서실태 조사에서도 독서 모임이나 함께 읽기 체험에 대한 만족도가 성인이나 학생 모두 매우 높은 것으로 나타났다. 공공의 노력이 더 필요한 이유다. 각급학교는 물론 도서관이나 지자체, 동네서점이 따로 혹은 함께 필요한 역할을 할 수 있을 것이다. 독서 모임이야말로 온오프라인을 아우를 수 있는 활동이다. 전통적인 독서 모임 말고도 요즘은 디지털 기술에 힘입어 온라인 모임도 조금씩 늘어나고 활성화되는 추세다. 해외는 물론 국내에서도 개인의 온라인 독서 일기와 북클럽 결성 및 운영을 결합해 지원하는 포털이나 플랫폼이 각광받고 있다. 특히 독서 모임을 이끌고 진행하는 데 필요한 인력과 참여자를 위한 교육 프로그램이 필요하다. 모임을 이끄는 사람이나 참여하는 사람에게 필요한 기본 소양과 기술은 사소해 보이지만 독서 문화가 안정적으로 자리 잡는 데 결정적인 역할을 할 수 있다.

중요한 것은 우리의 지향점이다. 우리가 독서를 통해 이루고자 하는 것이 무엇이냐는 것이다. 기술은 인간이 지향하는 것을 지원하고 그 힘을 증폭할 뿐이다. 오랜 전통을 자랑하는 책도, 무한한 가능성을 지닌 첨단의 디지털기기도 인간의 기술이다. 관건은 어떤 기술적 조건에서든 우리 앞에 펼쳐지는 삶과 세상을 차분히 읽어 보겠다는 마음가짐을 보존하고 계승하는 것이다. 그것에 인류의 미래가 달려 있기 때문이다.

진정한 지식을 얻는 길은
언제나 긴 우회로다

어린아이들이 읽는 것처럼 재미로 읽거나 야심 찬
사람들이 읽는 것처럼 자신을 교육하기 위해 읽지
마세요. 아니, 살기 위해 읽어야 합니다.
— 귀스타브 플로베르

앎이란 무엇일까? 앎은 흔히 지식으로 불린다. 그럼 지
식이란 무엇일까? 요즘은 어떤 문제에 대한 답으로 생각
하는 듯하다. 그래서 지식이 많다는 것을 답을 많이 안다
는 것으로 받아들인다. 지식을 '쌓는다'고도 한다. 지식
을 쌓는 공부를 하고, 그 결과 학생들은 난이도 높은 문
제의 정답을 얼마나 잘 맞히는지에 힘을 쏟는 수험 기계
가 된다. 그 요령을 가르치는 사교육 일타 강사는 학부모
와 학생에게서 학교 교사보다 더 높은 신뢰를 얻는다. 이

런 지식의 목적은 결국 '성공'이다. 여기서 말하는 성공이란 이른바 명문 대학을 나오고, 고소득의 직업을 갖고, 종국에는 돈을 많이 버는 것이다. 돈은 분명 현실에서 무시할 수 없는 삶의 도구이며 수단이지만, 그 돈으로 무엇을 할 것이고 궁극에는 어떤 삶을 살 것인지 알고자 하는 고민은 어느새 뒷전으로 떠밀린다.

누구에게나 암묵적인 목적으로 자리 잡은 돈의 최종 귀결점은 소비다(돈 자체를 소비할 수는 없다. 지폐가 됐든 디지털 계정의 숫자가 됐든 돈은 구매나 지출이라는 행동을 통해서만 가치가 실현된다. 이 점은 일찍이 독일 철학자 게오르그 짐멜이 그의 주저 『돈의 철학』에서 체계적으로 설명한 바 있다. 돈은 어디까지나 수단임에도 그것 자체가 모든 행동의 목적인 것처럼 고양되기까지의 과정이 책에 잘 나와 있다). 소비가 행복을 가져다준다는 '사실'은 우리를 에워싼 갖가지 광고를 통해 무의식 속에 깊이 각인되어 있다. 각종 인플루언서는 현대 사회에서 성공한 삶이란 무엇인지, 그런 삶이 누릴 수 있는 행복이란 어떤 것인지에 대해 화면 한가득 소비의 다채로움을 통해 몸소 시연해 보인다. 얼마 전 영화관에서 본 중고차 업체 광고의 카피 문구처럼 이제 현대인에게

'산다'live는 말은 '산다'buy는 말과 동의어가 되다시피 했다. 당신도 얼마든지 나처럼 살 수 있어, 돈만 있으면 돼. 그 이상의 삶에 대한 호기심이나 의문, 고민은 점점 더 끼어들 여지가 없어진다.

앎의 두 갈래 길

읽는 것은 앎의 추구와 직결된다. 앎의 길은 크게 두 갈래로 나눠 볼 수 있다. 힘으로서의 앎을 추구하는 길과 성찰로서의 앎을 추구하는 길. 전자는 근대과학으로 이어졌고, 후자는 인문학, 즉 철학과 역사와 문학으로 계승되었다. 책을 읽는 목적도 비슷하게 나눠 볼 수 있다. 힘의 확장으로서의 읽기와 성찰로서의 읽기다.

첫 번째 길은 '아는 것이 힘이다'라는 명제로 대표된다. 우리가 학창 시절에 많이 들었던 이 격언은 프랜시스 베이컨이 『신기관』Novum Organum에서 한 말이다. 그는 그전까지 철학이 추구한 앎을 위한 앎 대신 실질적 효용의 앎을 추구하기 시작했다. 베이컨의 격언은 지식인이 학문의 목표가 힘에 의한 자연 정복임을 공개적으로 선언했다는 데 문명사적 의미가 있다. 실제로 이후 등장한 근대 과학 지식은 유럽의 산업혁명과 제국주의로 이어졌다. 피터 드러커는 일찍이 '지식산업 사회'의 도래를 예고했는데, 저서 『넥스트 소사이어티』에서 장차 지식이 개인이나 집단의 생존과 번영을 좌우할 거라면서 다가올 사회를 '지식사회'Knowledge society라 불렀다. 이 지식 역시 '도구적' 지식이다. 힘을 확장하기 위해 정보와 지식을 얻는 도구로서의 읽기는 읽는 사람 또한 자신을 도구로 보고 경쟁력을 높이려 드는 경향이 있다. 오늘날 도서 시장에서 판매 상위권을 차지하는 책이나 사람들이 책을 찾고 읽는 이유를 보면 첫 번째 목적, 즉 힘의 확장 도구로서의 목적성이 강하다. 투자와 재테크에 관한 책은 말할 것도 없고 자기계발서 분야의 책도 전자에 속한다. 심지어 인문학도 '성공'에 도움이 되는 방향으로 홍보하곤 한다.

이런 지식관은 아리스토텔레스가 말했던 인간의 생래적 욕구로서 앎에 비해 대단히 제한적이고 편협하다는 생각이 든다. 아리스토텔레스는 알고자 하는 욕구를 인간의 원초적 본능이라고 했다. 그의 『형이상학』 첫 단락은 "모든 인간은 본래 앎을 욕구한다"라는 말로 시작한다. 그의 『영혼론』 첫 줄도 이러하다. "우리는 앎을 아름답고 고귀한 것으로 간주하되……"

두 번째 길은 "너 자신을 알라"는 말로 대표된다. 소크라테스가 한 말로 알려져 있지만, 사실은 그리스 델포이의 아폴론 신전에 적혀 있던 문구 중 하나였다. 이것과 함께 소크라테스의 또 다른 유명한 말이 바로 "나는 내가 모른다는 사실만 안다"라는 고백이다. 이른바 '무지의 지知'다. 이 말의 의의는 인간이 자신의 앎에 근거가 확실치 않음을 자각했다는 데 있다. 자신의 한계를 자각함으로써 인간은 한 차원 높은 앎에 도달한 것이다. 이런 자각이 오히려 끊임없는 자기 한계의 초월과 발전을 낳을 수 있었다(근대과학 또한 사실은 지식의 누적이 아니라 기존 지식에 대한 의심과 도전을 통해 끝없이 개선된다는 사실에 유념할 필요가 있다). 자기 성찰과 인식의 지평 확장을 목적으로 한 읽기는 보다 나은 자아의 형성 자체를 목표로 한다. 자아 형성은 또 다른 자아와의 만남과 의미 있는 대화를 통해 이뤄질 수 있다. 우리는 이 깊은 만남을 책을 읽을 때 누린다.

"너 자신을 알라." 이 말은 자기 분수를 알라는 뜻으로 해석될 수도 있지만 자신의 잠재력, 아직 만개하지 않은 자신을 알려고 시도해 보라, 드러내 보라는 뜻으로도 해석할 수 있다. 세상에는 끊임없이 새로운 것이 진입한다. 바로 당신도 그중 하나다. 수많은 새로운 것 중에 당신이라는 새로운 존재가 꽃을 피우느냐 마느냐는 바로 당신 자신에게 달려 있다.

따라서 두 가지 지식 가운데 인간 삶에 더 결정적인 것은 두 번째, 즉 목적과 의미와 가치를 묻는 성찰적 지식이다. 지식이 아무리 늘어도 그것을 나쁜 목적에 쓴다면 그만한 해악이 없다. 또한 획득한 지식에서 아무런 의미와 가치를 찾지 못한다면 허사가 된다.

앞에서 지금 우리를 지배하는 앎은 '도구적 지식'으로만 기능한다고 했다. 어느새 수단적 앎, 도구적 앎, 계산적 앎, 효율적 앎이 앎의 모든 것이 된 것만 같다. 이는 아리스토텔레스가 말한 '노예의 앎', 즉 노예에게 요구되는 앎이다. 그런 것은 AI가 더 많이 알고, 챗GPT가 더 잘 답한다. 정작 중요한 질문에 대한 답은 AI가 줄 수 없다. 인간이 찾아야 한다. 좋은 것이란 본래 불확정적이다. 확정될 수 없다. 확정된 듯싶어도 잠정적일 뿐이다. 다시 캐묻는 과정에서 더 나은 것을 생각하게 된다. 자연스럽게 대화와 상호 검토로 이어진다.

앎의 여러 차원

앎의 차원은 다양하다. 계속 확장하고 진화한다. 지금 우리를 지배하는 도구적 앎은 비교적 낮은 차원의 앎이라 할 수 있는데, 무엇보다 자기보존을 위한 앎이다. 모든 생명체는 자기보존이 최우선 목표다. 생명을 유지하려면 해악을 피하고 이로운 것이 무엇인지 알아야 한다. 생존을 위한 도구적 앎인 셈이다. 인간 역시 그런 차원에서 알아야 하고, 실제로 알려고 애쓴다. 하지만 그런 차원의 앎(알려는 활동)은 인간에게만 국한되지 않는다. 하늘의 새도 나는 법을 알고, 바닷속 물고기도 헤엄칠 줄 '안다'. 식물 또한 자신을 보호하는 법과 씨앗을 퍼뜨려 대를 잇는 법을 '안다'. 그런 뜻의 앎은 생명에게 보편적인 활동이자 능력이다.

앎은 알수록 점점 범위를 넓혀 가는 경향이 있다. 앎은 본질적으로 모름의 벽에 부딪히게 되고, 그것이 새로운 앎으로 나아가게 만든다. 따라서 우리가 아는 앎은 다양할 수밖에 없다. 단편화된 사실에 대한 정보 수준의 앎부터 특정 대상이나 사실 또는 현상과 관련된 기존 지식을 체계적으로 이해하고 기억하는 수준의 앎, 기존 지식에 만족하지 않고 스스로 그러한 지식을 심화하고 확장하는 능력으로서의 앎, 사물 전체의 질서나 궁극원리를 탐구하고 이해하는 앎, 그런 앎 자체를 반성적으로 검토하면서 앎의 근거나 한계를 밝히는 앎까지. 이때 각각의 앎은 상호 독립적으로 존재하는 것이 아니며, 낮은 차원의 앎은 높은 차원의 앎에 포섭되어 있다.

서양의 경우 구술 시대 지식은 서사시를 통해 전승되었다. 기억하기 좋은 이야기 속에 삶의 지혜를 담았다고 고전학자 에릭 A. 해블록은 설명한다. 서사시인이 교육자였다. 그 후에는 그 역할을 비극이 이어받았다. 작가가 교육자였다. 비극이 상연된 원형극장은 시민 교육의 장이었다. 비극은 인간 조건에서 나오는 영원한 질문, 대개는 슬픔과 고통을 피할 수 없다는 그 운명을 마주하고서 어떻게 살아야 할 것인가에 대해 생각해 보게 했다. 지금도 고전으로 읽히고 재해석되는 이유다. 서사시의 전통은 근대소설에서도 이어졌다. 소설은 여러 각도에서 설명할 수 있겠지만 일종의 사고 실험장이다. 등장인물의 사고와 심리, 선택과 결과를 보며 독자는 스스로 생각에 잠기고 고민하게 된다. 볼테르 작품에 등장하는 천하의 악당이나 도스토옙스키 작품의 끔찍한 사이코가 인생의 훌륭한(어떤 촉매자로서든 반면교사로서든) 삶의 길잡이가 될 수 있는 이유다. 이렇듯 문학은 그냥 받아 모으거나 꺼내 쓰면 되는 완제품으로서의 지식을 전달하지 않는다. 완성된 답을 제시하는 것이 아니라 종결되지 않은 문제를 던짐으로써 스스로 답을 찾아 나서게 한다. 자판기나 키오스크 방식의 직접적인 즉석의 해결 방식과는 다르다. 복잡한 삶을 주체적으로 살아가는 데 필요한 진정한 지식을 얻는 길은 둘레길처럼 돌아가야 하는 긴 우회로다. 책은 그 길을 독자가 직접 찾아 나서게 한다.

빅토르 위고의 대하소설 『레 미제라블』을 보면 초반에 인간됨의 어떤 경지를 보여 주는 인물을 길게 묘사한다. 바로 미리엘 주교다. 그는 평소 틈틈이 책을 읽는데, 이를 두고 스스로 '정신의 밭을 간다'고 설명한다. 로마 시대 키케로가 인간 혼의 경작(밭갈이)라고 부른 데서 문화culture라는 말이 유래했다는 것과도 통한다. 고대 로마에서 고전 읽기는 인간의 심성을 닦고 이성을 활용한 사고 훈련을 하기 위한 방편으로 중시되었다. 중세 유럽 대학에서도 고전을 속속들이 암기하는 것은 학생들이 완수해야 할 중요한 과제였다. 인류 역사에서 상당 기간 책은 인간의 생각을 기록한 매체였고, 책을 읽음으로써 독자는 앞선 시대의 뛰어난 현자의 생각에 동참하면서 스스로 생각하는 법을 배우고 익혔다. 이런 문화적 전통의 갈래는 근대에 와서도 중요하게 여겨졌고 뛰어난 작품을 통해 후대에 계승되었다. 세르반테스의 『돈키호테』를 필두로 소설은 일종의 사고 실험이었다. 그 후에도 작가들은 자신이 생각하는 인생의 오랜 교훈을 이야기 형식으로 전달했고, 독자들은 이야기를 읽으며 저자가 전하려는 인간적인 진선미의 목표를 더불어 생각할 수 있었다.

그러나 오늘날 검색형 지식은 이런 탐구와 모색과 궁리의 과정을 생략한다. 시간과 수고를 들여 묻고 찾고 비교하고 검토한 끝에 스스로 (잠정적인) 답을 향해 조금씩 나아가는 과정, 그 과정에서 생각이 단련되고 태도가 다듬어지는 과정을 건너뛰게 된다. 이런 우회 과정을 통해 비로소 진정한 앎과 배움의 기술과 능력이 길러지는 것임에도. AI는 앞으로 고도화할수록 연산 결과를 인간의 눈앞에 제시할 뿐 그 과정에 대해서는 설명할 수 없을 것이다. 그 점을 개발자들도 우려한다. 그래서 요구하는 답을 제시할 뿐만 아니라 그것을 어떻게 얻었는지 과정을 설명하는 AI 개발이 전문가들 사이에서 중대한 과제다. 하지만 어느 수준을 넘어간 후에도 그런 설명이 가능할까? 누가 얼마나 알아들을 수 있을까? 결국 인간은 AI에 의뢰해서 얻은 답을 '믿을' 수밖에 없는 지경에 이르지 않을까? 그 답이 진실인지는 누가 어떻게 검증할 수 있을까?

AI로부터 얻는 답은 궁극적인 진위의 불안에서 결코 자유로울 수 없다. 결국 높은 수준의 진위일수록 그것을 식별해 내는 일은 물리적 세계에 의미가 더해진 생활 세계에 몸을 담고 그 세계에 부단히 관여하는 다양한 관점의 인간이 할 수밖에 없다. 그리고 그는 기본적으로 풍부한 독서를 통해서만 구축할 수 있는 앎의 기반을 갖추고 있어야 한다. 책만 읽었다고 되는 것도 아니다. 읽는 과정에서 새로 얻은 정보를 능동적으로 자기 기억과 교차, 비교, 분석하고 무엇보다 의심할 수 있어야 한다. 그 시작은 바로 스스로 생각하는 능력이다.

질문하는 힘은 어떻게 기를까

챗GPT를 두고 흔히 이제는 질문(원하는 답을 얻기 위한 프롬프트 작성) 능력이 중요해졌다고들 말한다. 가만히 생각해 보면 이상한 조언이다. 질문하는 능력은 챗GPT가 등장하기 이전부터 교육이나 학습에서 늘 중요했다. 전통적으로 학습이란 질문에서 시작되었고, 좋은 질문과 더불어 성립하고 발전하는 것이었다. 답은 중간 결과물일 뿐이었다. 질문의 답을 찾는 과정에서 당사자가 마땅히 거쳐야 할 다양한 수고와 각고의 노력이 학습이었다. 그런 수고스러운 학습 과정을 건너뛰고 쉽고 빠르고 편리하게 답을 얻을 수 있도록 해 주는 기계가 바로 챗GPT라고 경탄하면서, 동시에 이제 그것을 잘 사용하려면 바로 그 생략된 학습 과정을 통해 기를 수 있는 질문 능력이 중요해졌다니. 모순이고 자가당착 아닌가.

이런 유의 논평은 사실 인터넷 시대가 열렸을 때부터 반복되었다. 인터넷 검색이 가능해진 이후 학습의 필요성이 사라졌던가? 그렇지 않다. 그렇다고 검색엔진의 가치를 깎아내릴 생각은 없다. 이미 학습을 통해 배경지식을 갖춘 사람일수록 그 똑똑한 도구를 더 효율적이고 효과적으로 활용할 수 있게 되었을 뿐이다. 마치 값비싼 대백과사전 전집을 통째로 집에 들여놓았다고 해서 그 사람이 똑똑해지지 않는 것과 같다. 오히려 그것에 의지해 공부와 암기 노력을 게을리했을 때 어떤 결과를 맞게 될지는 누구나 쉽게 짐작할 수 있다. 인터넷 검색이 아무리 좋아졌다고 해도 그 검색 결과를 평가하는 능력이 뒷받침되지 못하면 중대한 실수를 범하기 쉽다. 갈수록 거짓 위험성이 커지고 신뢰도는 낮아질 인터넷의 정보에 속아 넘어가는 무지한 다수의 한 명으로 살아갈 가능성이 크다. 그런 사람의 말은 남들도 그리 높게 쳐주지는 않을 것이다.

앞으로 챗GPT까지 텍스트 생성 주체로 공식 비공식으로 활약할 경우 '그럴 듯한' 거짓 정보의 양산으로 온라인 세계의 신뢰도는 점점 추락할 것이고, 그만큼 진위 판별 능력이 더 중요해질 것이라는 예측도 가능하다. 그 경우 '진위 판별'이나 '신뢰도 평가' 능력은 결국 온라인과는 독립된 1차 자료와 정보원을 스스로 조사하고 평가하는 훈련을 통해 길러지는 학습 능력, 온라인 검색 이상의 수고와 인내가 요구되는 전통적인 문답과 토론의 학습법을 통해서만 얻을 수 있는 능력에서 나올 것이다.

그런 점에서 챗GPT가 초래할 진짜 위험은 사람들, 특히 공부에 힘써야 할 시기의 청소년이나 학생(어른이라고 다를까?)이 편리한 '답안 생성기'에 의존함으로써 진정한 학습 능력을 잃게 될 수도 있다는 것이다. 우리는 모르는 것을 알기 위해 책을 찾아 도서관을 헤매고 선생이나 교수를 찾아가 묻고 친구나 동료와 열띤 토론 또는 논쟁을 벌인 끝에, 그리고 혼자서 골똘히 생각에 잠긴 끝에 비로소 서서히 해답의 실마리를 찾고 원하던 답에 도달했음을 깨닫던 때를 기억한다. 답으로 보였던 그것은 곧바로 또 다른 질문의 문을 열어 보인다. 이 모든 과정을 모두 생략한 채 챗GPT에 의존하는 데 익숙해진다면 우리 안에 잠재된 능동적 사고력은 아무런 진지한 도전도 시련도 겪지 못한 채 고만고만한 수준에 머무르고 말 것이다.

자아를 벗어나 세상에 주의를 기울이는 돌봄의 읽기

> 인간의 참된 가치는 주로 그가 자아로부터
> 해방된 정도와 감각에 의해 결정된다.
> — 알버트 아인슈타인

"여러분은 왜 책을 읽나요?" 강연에서 청중을 향해 이런 질문을 던지며 이야기를 시작할 때가 있다. 가장 흔한 답은 '새로운 정보나 지식을 얻기 위해서'다. 그 뒤를 잇는 답으로 '즐거움이나 위안을 얻기 위해서'가 있다. 그런데 즐거움이나 위안은 책을 읽을 때 얻을 수 있는 뭔가에서 파생되는 '효과'라는 점에서, 앞에서 말한 읽기의 두 목적은 '앎'이라는 상위의 목적으로 수렴될 수 있다. 그렇게 본다면 우리는 '새로운 뭔가를 알기 위해 읽는다'고 말할 수 있다.

사람들은 왜 알려고 할까. 인간이 알려고 하는 욕구는 크게 세 가지 방향으로 나눠 볼 수 있다. 첫 번째는 세상을 향한다. 자신이 속한 곳에서 생존하고 번영하기 위해 반드시 필요한 욕구다. 모든 생명의 1차적 과제는 지속이고, 그러기 위해서는 환경에 대한 정보가 필수다. 자신이 사는 세계가 어떻게 되어 있는지, 내게 이로운 것은 무엇이며 해로운 것은 무엇인지 알아야 한다. 그래서 어떤 생명체든 먼저 알려고 한다. 감각기관이 있고 인지 기능이 있다. 인지 기능의 출발점은 호기심이다. 인간 또한 호기심을 타고난다. 세상에 대해 무엇이든 알려고 한다.

두 번째는 타인을 향한다. 세상의 많은 것 중에서도 특히 다른 사람에게 관심이 많은 것은 인간이 사회적 동물이기 때문이다. 우리는 날 때부터 죽을 때까지 다른 사람과의 관계에 의존한다. 갓 태어난 아기도 곁에 있는 엄마를 비롯해 주변 사람들과 끊임없이 눈을 마주치려 하고 뚫어져라 얼굴을 살핀다. 그 뒤로도 좋든 싫든 타인의 마음 읽기는 우리의 평생 숙제가 된다.

인간의 알려는 욕구는 여기 그치지 않는다. 또 다른 특별한 앎의 욕구가 있다. 세 번째, 바로 자신을 향한다.

나는 누구인가. 내가 태어난 이 세계는 무엇인가. 이 세계에서 내가 살아가는 것은 무슨 의미가 있는가. 자신에 대한 질문은 끝이 없다. 여기서 인문학의 가장 중요한 질문도 나온다. 바로 '어떻게 살아야 하는가'다. 다른 동물처럼 타고난 생존 본능대로만 산다면 이런 질문은 들어설 여지가 없다. 하지만 인간은 본능에 따라 살도록 결정되어 있지 않다. 어디 한번 그렇게 살려고 해 보라. 도무지 가능하지 않다. 사회 속에서 태어나 살아가는 한 최소한 얼마간이라도 생각해서 선택을 하고 결정을 내려야 한다. 그런 의미에서 인간에게 자유란 숙명 같은 것이다. 철학자 장 폴 사르트르는 『실존주의와 인간 감정』Existentialism and Human Emotions에서 이렇게 썼다. "인간은 자유롭도록 선고받았다. 선고받았다는 것은 그런 자신을 스스로 만들진 않았기 때문이다. 다른 한편 자유롭다. 한번 세계 속으로 던져지면 자신이 하는 모든 것에 책임을 져야 하기 때문이다."

읽기는 그저 무언가를 응시하는 것이 아니다

인류가 삶의 의미를 의식하기 시작한 것은 역사적으로 어떤 기원이 있었던 것으로 보인다. 카를 야스퍼스는 『역사의 기원과 목표』에서 '축의 시대'Axial Age를 이야기한다. 이 시기는 세계 주요 문명권에서 거의 동시다발적으로 인간의 의식이 고양된 때다. 이때부터 인간은 자기 집단을 넘어선 보편적 인간의 차원에서 사고를 하기 시작했고, 자기 이익을 넘어선 윤리적 주체로서 생각하기 시작했다. 지금까지 영향을 미치는 주요 종교와 철학이 이 무렵에 탄생했고, 인간은 생존 이상의 차원에서 삶을 생각하기 시작했다. 물론 모든 사람이 일제히 그런 생각의 차원에 이른 것은 아니다. 인류 역사에는 언제나 무언가를 선도하는 소수가 있었고, 이들의 영향력이 널리 확산되기까지는 시간이 걸렸다. 그러나 미디어 기술의 발달과 함께 정보의 확산 속도가 점점 빨라져 초연결 '바이럴' 시대인 오늘날에는 사실상 동시성을 경험하고 있다.

흥미로운 점은 인류의 정신이 한 차원 높은 사고를 하기 시작한 축의 시대가 구술문화에서 문자문화로 이행한 시기, 즉 글을 읽기 시작한 시기와 겹친다는 사실이다. 미디어 생태학자 안드레이 미르는 『백미러로 본 디지털 미래』Digital Future in the Rearview Mirror에서 축의 시대에 일어난 인간 정신의 변화가 구술 시대에서 문자 시대로 옮겨 가면서 생긴 미디어 효과였다고 논증한다. 구술 시대에서 문자 시대로의 전환은 농경 문명사회의 관료들이 사용한 문자로 시작해 인도의 불교, 중국의 유교, 그리스의 철학을 낳은 정신 상태에 이르러 절정에 달했다. 여러 문명권에서 문자를 사용하게 된 것이 지적 정신적 도약의 발판이 되었다는 얘기다. 그것은 추상적인 문자 형태인 알파벳을 사용하면서 구술문화에서 문자문화로 가장 압축적인 전환을 이룬 고대 그리스에서 두드러졌다. 알파벳 도입 직후 그리스에서는 추상적인 개념의 폭발이 일어났다. 그리스 작가들은 오늘날까지 사용되는 추상적 사고의 기본 어휘인 신체, 물질, 본질, 공간, 시간, 운동, 영원성, 변화, 질, 양, 비율 같은 개념어를 만들었고, 이러한 개념들은 보다 깊은 철학적 사유의 벽돌이 되었다.

『구술문화와 문자문화』의 저자 월터 옹은 인류의 글쓰기를 '생각을 재구성하는 기술'이라고 했다. 문자와 글은 인간의 생각을 어떻게 바꿔 놓는가. 모든 미디어 효과는 감각에서 시작된다. 감각은 먼저 사용 매체를 최대한 우리 몸에 맞게 조정하게 한 후 다시 매체에 적응한다. 미디어학자 존 컬킨의 말처럼 "우리는 도구를 형성하고, 그 도구는 다시 우리를 형성한다".

　문자를 발명한 것은 인간이지만 글을 읽는 과정에서 우리의 감각은 다시 거기에 맞춰 조정되고 길들여진다. 읽기는 그저 무언가를 응시하는 것이 아니다. 글을 읽을 때 우리의 마음은 읽는 내용에 사로잡히면서 일종의 내적 감금 상태가 된다. 읽는 순간 우리의 시각은 다른 감각과 분리되고 다른 감각은 차단된다. 이러한 감각 조건은 우리가 생각하는 내용에 선형적이고 순차적인 순서를 부여하는 인지적 습관을 낳는다. 이러한 인지 작용은 우리가 살아가는 세계를 선형적, 순차적, 논리적으로 구조화된 정보 조각으로 나누어 보게 한다. 또한 사고의 선형성과 순차성은 우리의 본능적인 반사적 반응을 지연시키고, 이러한 지연은 숙고와 추론을 용이하게 한다. 그 결과 글을 읽는 사람은 자연스럽게 '성찰 모드'에 진입하게 된다. 이런 식으로 읽기는 인간의 주의력을 높여 시각적인 집중 시간을 늘릴 뿐만 아니라 완전히 새로운 정신의 운동 상태, 즉 깊은 성찰적 사유에 이르게 한다.

읽는 자아, 도덕적 주체

글은 아는 자와 아는 것(지식)을 분리함으로써 그전까지 지식의 유일한 전달 수단이었던 기억으로부터 정신을 해방시켰다. 추상적 인식을 위한 인지적 공간이 확보된 것이다. 문자의 사용과 함께 인지능력이 변화를 겪으면서 인간은 종 차원에서나 개인 차원에서나 추상적 사고 능력이 발달했다. 문자가 고대 상형문자에서 표의문자를 거쳐 표음문자로 진화한 것처럼, 모든 문자 체계는 실제 사물과의 그림 같은 유사성을 잃어 가는 것과 함께 추상성이 커지는 방향으로 발전한다. '추상적'이란 '구체적'과 '상황적'의 반대 개념이다. 추상적 사고는 사물과 사건 자체보다 그에 대한 '관념'idea을 다루는 능력이다. 추상적 사고는 행동을 멈추고 상황으로부터 마음을 해방시킴으로써(즉 감각과 거리를 둠으로써) 감각이 아닌 인지 도구인 내면의 심상을 불러일으킨다. 특히 대상과 직접적인 관련이 없는 소리로만 뜻을 나타내는 표음문자는 글쓰기의 추상화 효과를 더욱 강화한다. 우리의 주의가 구체적인 상황적 몰입에서 벗어나면서 정신에 새로운 지평이 열렸다.

축의 시대를 특징짓는 것 중 하나가 개인주의 정신

의 형성이었다. 이때부터 인간은 세계와 구분되는 자아를 의식하기 시작했다. 월터 옹은 인간의 이런 내적 전환이 글쓰기를 통해 가능했다고 봤다. 옹에 따르면, 구어의 물리적 특징인 소리는 화자와 청중을 공통 공간에서 물리적으로 결합시킨다. 그에 반해 글은 반대 역할을 한다. 읽는 사람은 자신의 '사적 읽기의 세계'로 들어간다. 독자는 글을 쓴 사람이 아닌 그가 쓴 단어를 만나고, 그 의미를 해독하는 것은 독자의 몫이 된다. 읽기는 생각하는 자아를 낳는다. 생각과 더불어 자아는 의식의 수면 위로 떠오른다. 사고하는 자아가 인간을 상황 인식으로부터 분리할 때까지 '진정한' 자아, 즉 자신을 의식하는 자아는 존재하지 않는다. 글은 '아는 주체'와 대상을 분리시켜 지금 우리가 아는 반성적 주체성과 도덕적 인격의 특성을 지닌 자아를 얻을 수 있게 해 주었다. 요컨대 글쓰기와 읽기를 통해 인간은 의식을 한층 더 고양시킬 수 있었다. 지금도 마찬가지다.

읽기와 돌봄의 눈

글쓰기와 읽기를 통해 고양된 의식의 결실 중 하나가 돌봄의 눈이다. 이제 인간은 사물이나 사태를 그냥 보는 데 그치지 않고 읽는다. 글을 읽을 때처럼 상대의 표정을 읽고 마음을 읽고 풍경을 읽고 세상의 흐름을 읽는다. 돌봄의 눈은 인간을 도덕적으로 보다 나은 존재가 될 수 있게 한다. 이 점은 아일랜드계 영국인 철학자이자 작가인 아이리스 머독이 잘 보여 준다. 머독에게 좋은 삶이란 이기적인 관심사를 초월하려는 삶이며, 이기심을 넘어섬으로써 우리는 선과 연결된다. 이기적인 관심사에서 벗어나면 현실을 더 명확하게 관찰할 수 있고 자기 밖의 실재와 타자와의 진정한 연결을 위한 공간을 만들 수 있다. 머독의 소설 『종』The Bell에는 다음과 같은 유명한 구절이 나온다. "사랑은 자신 이외의 다른 존재가 실재한다는 극도로 어려운 깨달음이다. 사랑은, 그래서 예술과 도덕은 실재의 발견이다."

우리 삶의 대부분은 특정한 사람과 사물을 대하고 반응하는 방식에 좌우된다. 도덕적 인간이 된다는 것은 자기중심적 이기적 자아에서 벗어나는 일이다. 그것은 인내심을 가지고 다른 사람을 깊이 보고 듣고 이해하고 친절하게 감싸는 법을 배움으로써 가능해진다. 우리는 주변 사람에게 더 주의를 기울이고, 그들의 관점에서 보는 데 더 숙달되면서 보다 나은 사람이 된다. 정의롭고 애정 어린 시선으로 상대를 지각하는 법을 배우면서 상대를 더 잘 대하게 된다. 그런 시선으로 서로를 바라봄으로써 우리는 보다 나은 인간으로 함께 성장할 수 있다.

머독은 자기 내면에 주의를 기울임으로써 어떻게 도덕적으로 나은 사람이 될 수 있는지 설명하기 위해 에세이 「완벽의 관념」The Idea of Perfection에서 일종의 사고 실험으로 며느리를 대하는 한 여성(시어머니)의 사례를 든다. 이 여성은 며느리를 마뜩잖게 여긴다. 자신이 볼 때 품위와 세련미가 부족하고, 무뚝뚝하며, 때로는 예의가 없고 유치한 구석이 있다. 말할 때 억양이나 옷차림도 마음에 들지 않는다. 이 여성은 아들이 밑지는 결혼을 했다고 느낀다. 이런 상태에서 시간이 흐른다고 치자. 이 여성은 딱한 아들이 자신이 볼 때 기준 미달인 여자와 결혼했다는 생각에 갇혀 불만 가득한 상태로 며느리에 대한 고정된 이미지만 갖고 살게 된다. 여기서 머독은 제안을 한다. 이 여성이 스스로 생각할 줄 알고 선의가 있는 사람이라고 가정해 보자. 자기 성찰이 가능하고 상대에게 정당한 주의를 기울일 수 있는 사람 말이다. 그런 경우 이 여성은 자신에게 이렇게 말한다. '내가 편견에 사로잡혀 편협한 것일 수 있어. 내가 속물일지도 몰라. 확실히 나는 질투심이 많아. 어디 며느리를 다시 한번 살펴보자.' 그러자 며느리는 예의 없고 유치한 게 아니라 명랑하고 쾌활하며, 단순하고 품위 없는 게 아니라 자기 생각과 분별력이 있는 사람임을 깨닫게 된다. 머독은 여인이 이렇게 변한 이유가 며느리를 '공정하고 애정 어린 시선'으로 보려고 주의를 기울였기 때문이라고 지적한다. 머독은 1992년 저서 『도덕의 길잡이로서 형이상학』 Metaphysics as a Guide to Morals에서 이렇게 말한다. "도덕적 변화는 세계에 대한 관심에서 비롯되며, 그 자연스러운 결과는 주로 다른 사람뿐만 아니라 다른 것의 실재에 대한 감각이 늘어남으로써 이기주의가 줄어든다는 것이다."

따라서 머독에게 도덕적 진보란 세상에 올바른 관심을 기울이려고 지속적으로 노력하는 것이다. 머독은 저서 『선의 군림』에서 도덕적 삶은 그저 위대한 순간의 용기나 희생이 아니라 계속해서 진행되는 것, 즉 일상생활의 복잡한 상황에서 사람들을 사려 깊게 대하는 것이며, 다른 사람에게 '정의롭고 애정 어린' 주의를 기울이는 것이라고 말한다. 머독이 말하는 '정의롭고 애정 어린 시선'으로서 주의는 시몬 베유의 글에서 따온 것이다. 베유에게 주의를 기울이는 것이란 도덕적 행위자의 특징이자 표식이었다. 평소 올바른 주의력을 기를 때 자신만의 가치 구조를 구축할 수 있고, 그럴 경우 결정적인 선택의 순간을 맞이했을 때 그 구조에 따라 선택하므로 이미 선택은 끝나 있는 것이나 마찬가지가 된다.

자아를 벗어나기 위한 읽기

그럼에도 자아를 벗어나기란 쉽지 않다. 머독은 우리의 내적 삶이 '살찌고 완고한 자아'fat, relentless ego에 의해 방해받을 때가 너무나 많고, 그로 인해 삶과 세계를 있는 그대로 보지 못하게 된다고 했다. 어찌해야 좋을까. 머독이 제시한 해법은 자연과 예술이었다. 자연과 예술의 아름다움을 관조함으로써 비대한 자아를 줄이고, 삶과 세계의 실재reality에 눈을 뜰 수 있다는 것이다. 이런 과정을 '탈아'unselfing라고 불렀다. 머독은 『선의 군림』에서 '자아를 벗어나는' 과정을 이렇게 설명한다. "나는 지금 불안하고 성난 마음으로 창밖을 보고 있다. 주변은 아랑 곳없이 어쩌면 내 위신에 금이 갔을지 모른다는 생각에 우울해하고 있다. 그때 갑자기 하늘을 떠도는 황조롱이를 발견한다. 순간 모든 것이 바뀐다. 손상된 허영 때문에 우울해하던 자아는 사라졌다. 이제는 황조롱이만 있을 뿐이다. 그런 다음 아까 그 문제에 대한 생각으로 다시 돌아오면, 그 문제는 대수롭잖게 보인다." 이런 탈아를 위해 머독은 자연에 주의를 기울이거나 예술 작품을 감상할 것을 권했다. 예술 작품에서 가장 중요하게 여긴 것이 바로 문학이었다.

나는 읽기가 바로 탈아의 과정이라고 생각한다. 인간 되기는 주의에서 시작되며, 읽기는 주의 깊게 보는 눈을 길러 준다. 탈아란 자신으로부터 눈을 돌려 반대편에 있는 타자와 세상에 주의를 기울이는 것이다. 머독은 이렇게 말한다. "도덕성의 가장 큰 적은…… 개인적인 환상, 즉 자기 확대와 위안을 주는 소망과 꿈의 뒤범벅으로, 자기 밖에 있는 것을 보지 못하게 막는 것이다." 그럼에도 우리는 탈아에 완전히 성공하지는 못한다. 노력할 뿐이다. 탈아의 노력은 평생의 공부이자 수련 과제가 된다. 경이로움과 호기심과 관심을 갖고 주의를 뻗는 것이다. 영국 작가 E. M. 포스터 또한 『소설의 이해』에서 "만일 인간의 본성이 변한다면 그것은 개인이 새로운 방식으로 자신을 바라보게 되었기 때문일 것"이라고 썼다.

빔 벤더스 감독의 영화 『퍼펙트 데이즈』는 돌봄의 여러 모습을 보여 준다. 도쿄 공중화장실 청소원인 주인공은 화장실을 돌보고, 화장실 틈에 꽂힌 이름 모를 사람의 쪽지를 돌보고, 큰 나무 밑에 싹튼 작은 꽃을 돌보고, 나무를 돌보고, 동료를 돌보고, 집 나온 십대 조카를 돌보고, 단골 술집 여주인의 전 남편을 돌본다. 물론 이 모든 돌봄에 앞서 자신을 돌볼 줄도 안다. 아침 햇살에 눈 뜨며 감사하고, 화분의 식물에 정성껏 물을 주고, 싱크대에서 양치질하고 점잖게 기른 콧수염을 다듬고, 집 앞 자판기의 캔 커피로 잠을 깨고, 카세트테이프 음악으로 기분을 충전하고, 퇴근 후 목욕과 맥주 한 잔으로 피로를 씻고, 주말이면 단골 술집에서 맛있는 식사를 하며 주인의 노래도 듣는다. 무엇보다 동네 책방에서 산 문고본을 매일 밤 탐독하며 영혼에 물을 주고 밤새 꿈을 꾼다. 뿐만 아니라 순간순간 자신과 타인의 슬픔과 기쁨과 아픔과 회복을 읽는다. 영화는 주인공의 울음과 웃음이 교차하는 표정이 확대된 장면으로 끝이 난다. 관객은 저마다 그의 복잡 미묘한 표정에서 무언가를 읽어 내느라 쉬 자리를 뜨지 못한다.

좋은 글과 책을 읽을 때마다 애정 어린 돌봄의 시선을, 보살핌의 마음을 느낀다. 그런 시선을, 마음의 길을 따라가며 내 마음도 조율한다. 읽기와 쓰기가 텍스트를 중심으로 순환하는 것이라 했을 때 읽기와 쓰기는 결국 인류가 글을 쓰기 시작한 때부터 면면히 이어 온 거대한 이야기의 태피스트리tapistry에 또 하나의 씨줄과 날줄로 동참하는 것이다. 읽기는 그에 걸맞은 수고와 인내심을 수반한다.

왜 지금 돌봄인가

이 시대의 지배적 논리는 능력주의다. 자신이 가진 것을 최대한 활용해 성공의 계단을 남보다 높이 오르는 것이 목표이고, 이를 서로 당연시한다. 인생은 이익 추구 경쟁이고 힘의 싸움이다. 도덕성은 한가한 사치이거나 욕심을 감추기 위한 속임수일 뿐이다. 그런 분위기에서 우리는 대개 자기중심적이고 이기적인 눈으로 하루를 보낸다. 자신의 자아를 만족시키는 방식으로 사람들을 보고 판단한다. 자신이 주연인 드라마에서 다른 사람들은 지나가는 조연으로 축소하고, 고정관념으로 대한다.

지금 우리는 돌봄을 필요로 한다. 앞서 이야기했지만 인간은 존재론적으로 불안하다. 우리 삶은 본질적으로 불안정하고 예측 불가능하다. 어느 순간 어떤 식으로 생이 끝날지 모른다. 자연적인 노화나 질병, 죽음은 누구도 피할 수 없다. 여기에 인공적인 불안도 있다. 인간은 자연의 위협으로부터 보호받기 위해 사회를 이루기 시작했지만, 지금은 그 사회의 경쟁 구조가 우리를 불안하게 한다. 경제학자 존 케네스 갤브레이스는 불안이야말로 우리의 경쟁적 경제체제에 내재된 특징이라고 봤다. 오늘날 문제는 절대적 빈곤이라기보다 불안정성에서 오는 불안과 하향 이동, 지위 상실의 위협이다. 상대적으로 우위에 있는 자들은 위험으로부터 자신을 보호할 방법을 확보한 상태에서 주기적으로 닥치는 인공적인 충격마저 유리하게 활용한다. 인공적인 불안은 사람들을 상호 신뢰와 연결, 의미와 목적, 자존감과 존중같이 돈으로는 살 수 없는 종류의 진정한 안전을 대신해 돈과 물건을 최대한 모으고 쌓도록 내몬다. 지금은 더 직접적인 삶의 배경이 된 인공적 환경에 깊이 연루될수록, 또 그 인공적 환경이 복잡해질수록 자기 삶에 대한 개인의 통제 범위는 점점 더 줄어들고, 개인에게 닥치는 사건과 사고는 더욱더 예측하기 어려운 것이 되어 간다. 민첩한 어느 트렌드 분석가는 '핵개인의 사회'가 도래했다고 이야기한다. '각자 살길을 도모한다'는 뜻의 '각자도생'이란 말은 어느새 우리 사회의 불문율이 되었다. 그러나 코로나19 때 이미 겪은 바 있고, 나날이 심각해져 가는 기후변화에서 실감하듯이, 우리의 생존과 안위는 나를 넘어 다른 사람들에게 크게 의존하고 있다는 사실을 잊지 않아야 한다. 잊지 않기 위해 나는 읽는다.

미국 영문학자이자 작가인 마크 에드먼드슨은 『왜 읽는가』Why Read?에서 좋은 글을 읽어야 하는 이유를 이야기하며 자신의 체험을 들려준다. 그가 어느 날 시집을 읽다가 발견한 그 구절은 훌륭한 글에서 얻을 수 있는 것이 무엇인지 웅변한다.

보라
새로운 것News이라고 불리는 것을
그러나 진정 새로움을 찾을 수 있는 곳은
그곳이 아니라 홀대받는 시

어려워라

시에서 새로움을 얻기란

그러나 사람들은 매일 비참하게 죽어 간다

거기서 발견되는 것을 보지 못한 채

윌리엄 카를로스 윌리엄스의 시 「아스포델, 저 초록빛 꽃」의 시구다. 이 구절은 많은 사람이 새로움을 가장 한 많은 것에 주의를 빼앗긴 채 살아가느라 정작 인생의 진정한 가치와 기쁨이 담긴 시, 나아가 문학작품은 누리지 못하고 죽어 가는 현실을 안타까워하는 내용을 담고 있다.

읽기는 자신과 주변을 돌보는 눈, 세상을 살피는 눈, 이 모든 것과 더불어 제대로 살 수 있는 눈을 길러 준다. 우리가 훌륭한 글 읽기를 멈추지 않고, 소중히 여겨야 하는 이유는 삶에서 가장 중요한 질문과 그에 대한 답을 찾는 데 도움을 주기 때문이다. 나는 누구인가? 나는 무엇이 될 수 있는가? 내가 사는 이 세상은 어떤 곳인가? 어떻게 하면 더 나은 세상으로 바꿀 수 있을까?

에드먼드슨은 일찍이 독서가 자신을 '깨웠다'고 썼다. 자신을 가혹한 한계 상황에서 확장된 가능성의 길로 이끌었다는 것이다. "시와 문학과 예술이 없었다면 나는 (그리고 다른 많은 사람들도) 비참하게 죽었을지 모른다. 30년 전, 훌륭한 글에 대한 믿음 덕분에 나는 교사가 되었다."

지금 우리에겐 돌봐야 할 것이 많다. 나의 몸과 마음이 있고, 주변 이웃이 있고, 내가 속한 공동체가 있고, 우리와 함께 살아가야 할 멸종위기종이 있고, 이 모든 것들의 거처인 지구가 있다. 이 모든 것이 하나로 연결되어 있음을 우리는 이제 알 수 있다. 그 역시 책을 읽고 생각할 때 깊이 깨달을 수 있는 사실이다. 지금 우리는 읽기를 통해 돌보는 눈을, 보살피는 마음을 길러야 한다.

돌봄을 통해 우리는 내가 원하는 것이 반드시 다른 사람이 원하는 것은 아님을 배운다. 자기 방식에서 벗어나 다른 사람의 눈으로 세상을 보고자 노력하는 것이 핵심이다. 이런 노력은 옳고 그름에 대한 자신의 감각에 도전하는 것으로, 좋은 삶에 대한 더 다양한 관점으로 안내한다. 그렇게 해서 얻은 새로운 관점을 우리는 저마다의 삶에 통합할 수 있다. 새로운 관점의 통합이란 말은 멋있게 들려도 실행에 옮기기는 쉽지 않다. 날 때부터 우리는 뼛속 깊이 자기중심적이기 때문이다. 평생 '탈아'의 철학을 실천하려고 애썼던 베유는 상대에게 주의를 기울일 때 우리는 바라보는 그 대상으로 충만해져 '자아'가 사라지면서 타자를 있는 그대로 볼 수 있게 된다고, 그러기 위해서는 '자기 절제'가 필수라고 했다. 머독의 말처럼 "그럴 때 우리는 자기가 아닌 다른 무언가가 실재한다는, 지극히 어려운 깨달음에 이른다".

대학 시절 고대 철학에 관심이 생겨 희랍어를 배웠을 때가 생각난다. 그때 처음 배운 예문이 "칼레파 타 칼라"χᾰλεπὰ τὰ κᾰλά였다. 오래전에 읽은 이문열의 소설 제목이기도 했는데, 플라톤의 『대화편』에 종종 나오는 말이었다. '아름다운/좋은 일은 (이루기) 어렵다'는 뜻이다. 시련 속에서도 진리 탐구의 길을 꿋꿋이 걸어 갔던 철학자 바뤼흐 스피노자도 『에티카』의 끝을 이렇게 맺는다. "만일 행복이 눈앞에 있어 큰 노력 없이 찾을 수만 있다면, 모든 사람이 그것을 등한시하는 일이 어떻게 있을 수 있겠는가? 그러나 모든 고귀한 것은 힘들 뿐만 아니라 드물다." 가치 있는 일일수록 우리는 그 일에 결코 완전히 성공할 수 없다. 그러나 사뮈엘 베케트가 말했듯이, 반복해서 시도하고 또 실패를 거듭하다 보면 전보다 더 낫게 실패할 수 있다.

철학자 마이샤 체리는 한 걸음 더 나아가, 「연대 돌봄: 투쟁의 시기에 서로를 돌보는 방법」이라는 글에서 사회적 불의가 소외된 구성원에게 가하는 어려움까지 돌보는 '연대적 돌봄'이 필요하다고 주장한다. 여기서 자기 돌봄은 영악한 이기주의나 자족주의가 아니라 자아와 자아가 만나는 교환과 관계의 돌봄이 된다. 자신을 돌보는 일은 다른 어느 누군가, 즉 타인의 보살핌에 의존하고, 반대로 타인을 돌보는 일은 자기 자신을 잘 돌볼 때 가능하다. 자기 돌봄은 필연적으로 사회적이며 교류와 관계 형성을 수반한다. 『퍼펙트 데이즈』의 주인공은 일과 후의 목욕, 맥주 한 잔, 주말의 동네 책방, 카페의 주인, 직장 동료, 점심시간에 찾는 공원 나무들 사이로 비치는 햇살 등등 많은 사물과 사람과 장소로부터 돌봄을 받는다. 그의 일상 세계는 서로서로 돌봄에 의해 '완전한' 하루가 완성된다. 이제 우리에게는 상호 경쟁과 견제에서 오는 불안과 혐오가 아니라 타자에 대한 관심과 호기심, 경이로움에 기초한 윤리 그리고 정치가 필요하다. 우리가 더 이상 호기심을 갖지 않을 때, 다른 사람이 무엇을 생각하고 느끼는지, 무엇으로 고통받는지 상상하거나 이해하려고 하지 않을 때 우리의 마음은 좁아진다. 그럴 때마다 읽기를 통해 우리는 함께 저항하며 반대 편으로 한 발짝 더 나아갈 수 있다.

인공지능 시대에 다시 생각하는 삶과 죽음

두 눈의 일은 다하였으니, 이제

가서, 마음의 일을 하라.

네 안에 갇혀 있는 모든 이미지를

깊이 바라보라.

— 라이너 마리아 릴케, 「전환점」

2018년 10월, S전자에서 단막극을 기획 제작해 인터넷에 공개했다. 기후 변화와 핵전쟁, 디지털 기술로 인한 인간 소외 등을 주제로 한 묵시록적 드라마였다. 제목이 뜻밖에도 『고래먼지』였다. 인상 깊게 감상한 나는 「디지털 환경 속 '아날로그 인간'의 꺼지지 않는 기억」이라는 제목으로 감상문을 썼다. 내용은 이렇다.

때는 그리 멀지 않은 미래. 이유는 알 수 없다. 지구에 어떤 일이 있었는지(어느 정도 짐작은 간다) 사람들은 땅 밑에 산다. 밀폐된 집과 사무실을 오가는 삶은 뿌연 대기만큼이나 무미건조하다. 자욱한 미세먼지 탓에 다들 방독면에 판초를 입고서야 밖을 나선다. 계속된 가뭄에 비는 여전히 소식이 없고 인공 강우 실험마저 실패를 거듭한다. 어디나 온통 인공 환경이다. 아침에 일어나면 전자팔찌를 착용하고 신체 지수를 확인한다. 집에서도, 회사에서도 스크린을 마주하고 말없이 주어진 일을 처리하는 일상. 구내식당에서도 더 작은 스크린만 응시한 채 혼자 밥을 먹는다. 간헐적 대화 상대는 인공지능 로봇이나 가상체다. 다들 별문제 없어 보이지만 실은 별수 없어 체념한 것일 뿐이다.

하지만 어떤 시대든 어디에나 반드시 '부적응자'는 있다. 주어진 체계에 순응하지 못하는 '오류' 인간(어떤 의미에서 '결함' 있는, 진정한 인간)이다. 미래가 앞당겨 실현된 듯한 첨단 환경에서도 이들은 저마다 지난날을 떠올린다. 엄마에 대한 기억, 아들과의 추억. 이런 그들에게 반복되는 지금의 삶은 살 만한 삶이 아니다. 물속에 있어야 물고기라고? 그럼 인간은 어떤 환경에 있어야 인간인가. 어릴 적 엄마에게 들었던 고래 이야기는 왜 그렇게 가슴을 뛰게 할까? 창밖 녹색 풍경과 그 속의 나비마저 스크린 속 가상체지만 그 자유로운 날갯짓이 주는 신호는 살아 있는 심장을 정확히 타격한다. 바다에 가고 싶어. 다녀오겠습니다. 저 그만두겠습니다. 그리하여 그들은 설령 길 위에서 죽더라도 미지의 길로 나서고야 만다.

익숙했던 요새에서 바깥으로 나와 보니 지상은 거북의 등껍질처럼 갈라져 있다. 아, 그러고 보니 바다거북도 육지에서 바다로 돌아간 종種이던가. 붉은 흙먼지 속을 거북 걸음으로 나아가 보지만 역부족이다. 하지만 숨어 있던 도움의 손길이 나타나고, 운행을 멈춘 지 20년 된 지하철 전동차가 기적처럼 도착한다. 소풍이라곤 가본 적도 없으면서 "사람들하고 막 김밥 싸 가지고 밖으로……." 신나서 쏟아 놓는 아이의 말에 절로 미소가 번진다.

마침내 뿌연 기억 속 해안에 이른다. 출입 금지 표지가 붙은 철조망은 그대로다. "고래 보고 싶었는데." "멸종된 지 오래야." "알아요." 이번에도(?) 기적 같은 일이 일어난다. 사이렌과 함께 빗방울이 후두둑 떨어지기 시작한다. 사람들 얼굴엔 다시 생기가 돌고, 병 속의 금붕어가 어느새 바다로 뛰어들더니만 고래로 변신해 수면

위를 박차고 오른다. 헷갈린다. 이 역시 스크린 속 사이버 유토피아일 뿐일까?

왜 고래에 매료될까

여러 해 전 북극 여행을 갔을 때 고래를 가까이서 본 적이 있다. 정확히는 북극해를 가로질러 그린란드 근해를 항해하는 일정이었다. 이따금 고래가 출몰했다. 한번 나타나면 주변에 하얀 물보라가 일면서 매끈한 검정색 등이 떠올랐다가 가라앉길 반복했다. 그러다 가끔씩 큰 꼬리를 뒤집어 보이며 바다 깊이 자맥질하기도 했다. 올라올 때마다 내뿜는 숨은 아이들의 그림에서 보곤 하는 분수 모양 물줄기는 아니었다. 그저 큰 입으로 내뿜는 분무처럼 가늘게 흩어지는 물보라에 가까웠다. 그 추운 바다에서도 유영하는 모습이 한없이 평온해 보였다. 부러웠다. 북극 빙하마저 하염없이 녹아 바다 수위가 높아지고 있다는 사실을 너희도 아는지.

오늘날의 과학자들은 이제 약 25억 년 전 지구가 생겨날 당시 상황까지 추측해 낸다. 태양에서 떨어져 나온 지구는 구형球形의 기체 덩어리였으나 식으면서 액화해

용융 덩어리로 변했다. 그 후 지각층이 몇백만 년에 걸쳐 고체로 굳었고 땅이 식자 비가 내리기 시작했다. 몇 세기 동안 계속된 비는 해양 분지로 흘러들어 바다가 됐다. 바다에서 유기물이 생겨났고, 구름층이 걷히면서 태양 빛으로 광합성을 할 수 있는 식물과 식물을 먹이로 하는 동물, 동물을 먹이로 하는 동물이 차례로 등장했다. 동물 중 일부가 뭍으로 올라온 건 약 3억 5000만 년 전이었다. 그래서 인간 몸엔 아직도 해양 생활의 흔적이 남아 있다. 혈관 속 나트륨·칼륨·칼슘 성분비가 바닷물과 비슷하고, 석회질로 된 골격 역시 칼슘이 풍부했던 캄브리아기 바다 유산이다. 또 인간은 저마다 어머니의 뱃속 '작은 바다'에서 생을 시작한다. 배아 발생 단계를 거치는 동안에도 아가미 생명체에서 육상 생명체로 진화해 온 과정을 되풀이한다.

고래는 그런 인간만큼이나 별종이다. 5000만 년 전쯤 육지 생활을 청산하고 바다로 돌아간 포유동물 중 일부의 후예이기 때문이다. 일찌감치 땅에서 물로 선회해 깊은 바다로 들어간 덕에 살아남은 종. 그들의 선조는 뭍의 경쟁을 피해 새로운 개척지를 찾아 바다로 향했다. 어떤 생각 끝에 내린 결정이라기보다 내몰림, 이른바 '환경

압'의 결과였을 것이다. 애당초 바닷속을 누비던 생명체가 뭍으로 나온 것 역시 새로운 삶의 가능성을 찾아서였을 것이다.

레이첼 카슨은 본래 해양동물학자였다. 그가 암으로 세상을 뜨기 두 해 전 펴낸 환경보호의 고전 『침묵의 봄』 이전에 낸 책들도 바다에 관한 것이었다. 그는 인간이 경이로움과 호기심을 품은 채 바다를 바라보고 배를 만들어 미지의 항해에 나서는 건 무의식적으로나마 제 혈통을 깨닫기 때문일 거라고 했다. 그에 따르면 인간은 아직도 마지막 홍적세 빙하기에 이은 간빙기 단계에 있다. 앞으로도 몇천 년간 세계 기후는 상당히 따뜻해지고서야 다음번 빙하기로 돌아설 것이다. 하지만 문제는 지금 인류가 겪고 있는 심상찮은 단기적 기후 변화다.

'김밥 싸서 가는' 소풍의 추억

몇 년 전 인천에서 '기후변화에 관한 정부 간 협의체'IPCC 총회가 열렸다. 그때 채택된 특별 보고서의 골자는 지구 온난화로 인한 피해를 막으려면 지구 평균기온의 상승 폭을 1.5도로 제한해야 한다는 것이었다. 이를 실현하려면 2030년까지 이산화탄소 배출량을 2010년 대비 최소 45퍼센트 줄여야 한다. 그해 노벨경제학상을 공동 수상한 미국 예일대학 교수 윌리엄 노드하우스의 책 제목이 『기후 카지노』였다. 인간이 기후변화를 놓고 아슬아슬한 도박을 벌인다는 뜻이다. '카지노'라고 하니 일확천금의 이미지를 떠올릴 테지만 실은 그 반대다. 러시안룰렛 같은 것이다. 머리에 총구를 겨누고 돌려 가면서 방아쇠를 당기는 꼴. 문제는 자칫 운이 없는 어느 한 명이 아니라 모두가 공멸할 수 있다는 사실이다. 물론 지금도 먼저 피해가 닥친 곳에서 볼 수 있듯 약한 고리부터 신음이 커질 것이다.

『고래먼지』에 나오는 스틸 도시락 속 김밥은 디지털 환경 속 아날로그 인간의 처지를 상징하는 것 같다. 김밥싸서 함께 밖으로 놀러 가는 것. 행복이란 그런 소풍 같은 것 아닌가. 다가오는 디지털 미래의 가상화면에는 과거의 바다에서 떠밀려 온 것이 현재의 해변을 어지럽히듯 현재의 부유물이 떠다닐 것이다. 시대를 달리하는 것들의 동시 공존은 정도를 더해 갈 테고, 대화는 기억의 연결고리가 닿는 사람끼리만 이어질 것이다. 그 속에서 고래먼지는 명멸하는 디지털 가상 화면이거나, 아날로

그 인간의 꺼지지 않는 기억일 것이다. 모비 딕을 끝까지 쫓아간 에이해브 선장은 적도 태평양 해상에서 일전을 앞두고 절규한다. "고래를 추적하는 이 투쟁은 도대체 무엇 때문인가! 왜 지치고 마비된 팔로 노를 젓고 작살을 잡고 창을 던지는가? 지금 에이해브는 얼마나 더 부유해지고 더 좋아졌는가?"

한때 유기체가 가득한 생명의 수프였던 바다는 이제 인간이 버린 핵폐기물과 플라스틱으로 죽음의 수프가 돼 간다. 카슨은 『우리를 둘러싼 바다』 개정판 서문을 이렇게 마쳤다. "처음 생명체를 탄생시킨 바다가 이제 그중 한 종이 저지른 일 때문에 위협받고 있다니 참으로 얄궂은 상황이다. 하지만 바다는 설령 나쁘게 변한다 해도 끝내 존속할 것이다. 정작 위험에 빠지는 쪽은 생명 그 자체다." 1961년에 쓴 글이다.

생명의 순환과 '죽을 권리'

알래스카는 자연산 연어로 유명하다. 남동부 항구도시 밸디즈의 연어 부화장에 직접 가 본 적이 있다. 잘 알려진 것처럼 연어는 민물에서 나고 바다로 나가 성장한 후

산란기가 되면 고향으로 돌아와 알을 낳고 생을 마감한다. 산란지를 찾기 위해 수로를 따라 거슬러 오르는 연어의 몸짓은 치열하다. 자칫 사냥 나온 곰의 끼니가 되기 쉽고, 몸싸움 끝에 뭍으로 밀려나면 갈매기의 밥이 되기도 한다. 수면 위로 펄떡이거나 강변에서 헐떡이는 연어를 보노라면 그 삶의 무게에 만감이 교차한다.

노벨생리의학상을 받은 미국 생물학자 조지 월드의 강연록에서는 생물학적 삶과 죽음의 의미를 다룬다. 생명의 순환 차원에서 보자면 죽음은 삶과 짝을 이루는 통과의례다. 아메바는 죽음을 모른다. 단세포는 끊임없는 분열로 자기 복제본을 만들어 낼 뿐이다. 그런 점에서 불멸이다. 하지만 생명은 새로운 재생산 방식을 만들어 냈다. 유성생식이다. 유성생식을 하는 모든 유기체는 단세포(수정란)에서 생식세포와 체세포로 분화한다. 생식세포는 자가증식으로 불멸을 이어 가지만 체세포(그 합이 몸이다)는 생식세포의 충실한 운반체가 된다. 반대편 생식세포(난자 혹은 정자)와의 만남이 성사되면 임무를 마치고 퇴장한다. 우린 그걸 '죽음'이라 부른다. 반복되는 새 생명을 얻은 대가가 죽음인 것이다. 알래스카 연어의 삶 또한 새 생명을 위한 산란의 여정이 곧 죽음을 준비하는 길임을 보여 준다. 연어가 산란지로 회귀할 때엔 소화기관마저 퇴화한다. 산란을 마친 성어는 겉보기엔 멀쩡하지만 장기는 거의 기능하지 못한다. 식도로 먹이를 밀어 넣어도 소화를 못 시킨다. 임무를 완수한 신체에 생명은 작별을 고한다.

지금이야 존엄사가 국내에서도 진지하게 거론되고 있지만, 몇 년 전에 세계적으로 화제가 된 적이 있다. 호주 생태학자 데이비드 구달 박사가 자신의 삶을 스스로 끝내기로 결정한 사실을 언론에 발표하고 실행까지의 전 과정을 실시간으로 중계한 것이다. 104세에 스스로 존엄사를 결행한 그는 마지막에 기자회견까지 열어 "내일 삶을 끝낼 기회를 얻게 돼 기쁘다"라고 말했다. 그리고 베토벤의 「환희의 송가」를 들으며 스스로 약물 밸브를 열어 생의 출구로 의연히 퇴장했다. 연명이 무의미한 삶을 왜 이어 가야 하는가. 그는 홀가분하게 떠났지만 남긴 질문은 가볍지 않다.

스티븐 핑커의 저서 『지금 다시 계몽』에 이런 일화가 나온다. 그가 대학에서 강연할 때의 일이다. 인지과학자인 그가 "인간의 정신적 삶은 뇌세포의 활동 패턴으로 구성된다"고 하자 한 학생이 손을 들고 물었다. "그런 삶을 내가 살아야 할 이유는 뭔가요?" 특별히 자살 의사를 비치거나 냉소적인 투의 질문이 아니었다. 핑커는 이 질문을 "불멸의 영혼에 관한 전통적 종교적 믿음이 과학으로 전복되고 난 후, 사람들이 떠올리게 된 삶의 의미와 목적에 관한 진지한 의문"이라고 했다. 핑커의 책은 그 학생의 질문에 과학자로서 제시할 수 있는 최선의 논변이라고 봐도 무방하다. 그는 계몽주의의 유산인 이성·과학·휴머니즘·진보를 강력히 변론했다. 성공했을까.

기술적 풍요가 묻는 삶의 의미

오늘날 첨단기술은 인간의 삶을 풍요롭게 만든다. 적어도 많은 이가 그렇다고 말한다. 하지만 역설적이게도 길어진 삶의 의미와 방향에 관한 물음 또한 절박해지고 있다. 많은 게 가능해지면서 오히려 왜 굳이 그걸 해야 하는지 묻는 사람들이 늘어난 것이다. 요즘 국내외를 막론하고 정체성 문제가 뜨거운 사회 쟁점으로 떠오른 것 역시 부당한 차별과 불평등에 대한 집단적 반발의 차원을 넘어 자신의 존재 의미를 찾으려는 개인의 깊은 욕구와도 관련이 없지 않을 것이다.

해나 아렌트는 일찍이 자신의 책 『인간의 조건』에서 현대사회를 두고 "목적이 없기 때문에 끊임없는 생산 과정을 절대화하게 됐다"고 진단했다. 그는 인간의 실존적 조건을 시작과 끝, 자신의 용어로 '탄생성'natality과 '필멸성'mortality에서 찾았다. 인간 개인은 반드시 죽을 수밖에 없는 존재이지만 업적이나 흔적을 남김으로써 불멸성을 얻고 자신의 '신神적 본성'을 증명해 보이려 한다는 것이다. 스티브 잡스도 2005년 미국 스탠퍼드대학 졸업식축사에서 자신의 인생을 세 가지 이야기로 요약하면서 마지막 세 번째를 죽음에 할애했다. "우리 모두 언젠가는 죽습니다. 아무도 피할 수 없죠. 삶이 만든 최고 작품이 죽음이니까요. 죽음은 삶의 또 다른 모습입니다. 죽음 덕분에 새것이 헌것을 대체할 수 있습니다. 지금 여러분은 '새로움'이란 자리에 서 있습니다. (……) 그러니 낭비하지 마십시오. 도그마에 사로잡혀 다른 사람의 생각에 얽매이지 마세요. 타인의 잡음이 여러분 내면의 진정한 목소리를 방해하지 못하게 하세요. 가장 중요한 건 마음과 영감을 따르는 용기입니다. 마음과 영감은 여러분이 진정으로 바라는 걸 이미 알고 있습니다."

당시 그는 췌장암을 앓고 있었다. 그로부터 6년 후

눈을 감았고, 같은 달 그의 이름을 제목으로 한 900쪽짜리 평전으로 환생했다. 책엔 그가 직접 쓴 마지막 글도 실렸다.

"많은 사람이 인류에 무언가 기여하기를, 어떤 흐름에 무언가 추가하기를 바란다. 이 마음의 본질은 우리 모두 자신이 아는 유일한 방식으로 무언가를 표현하고 싶어 한다는 것이다. 이것이 나를 이끈 원동력이다." 56세에 마감한, 준비된 죽음이었다. 그는 자신이 세상에 남기고 간 스마트폰을 줄기차게 들여다보며 하루를 시작하고 맺는 지금 사람들을 보며 어떤 생각을 할까.

포스트휴먼이 향하는 곳

21세기 벽두에 제출된 「트랜스휴머니스트 선언」Trans-humanist Declaration은 스스로 인류 진화의 길을 앞서간다고 생각하는 '전위' 집단이 어디를 향하고 있는지 잘 보여 준다. 이들은 1항에서 "장차 인류는 과학과 기술에 의해 급격한 변화를 겪을 것이다. 우리는 노화의 불가피성이라든가 인간 지능과 인공지능의 한계, 인간이 스스로 선택하지 않은 정신적 특성, 고통, 지구라는 행성에 갇혀 있는 제약과 같은 인간의 조건을 재설계할 수 있을 것으로 본다"라고 적었다. 이어 7항에서는 "트랜스휴머니즘은 지각력sentience이 있는 모든 존재—인공지능이든, 인간이든, 포스트휴먼이든, 동물이든 간에—의 웰빙을 옹호한다"라고 선언한다.

과학철학자 반 프라센은 이렇게 말한다. "새로운 세기마다 우린 스스로가 누군지 재해석해야 한다. (……) 지금까지 어떤 존재였고 어떤 존재가 될 수 있었는지, 어떤 존재가 될 수 있는지에 대한 안목을 갖고서 자신이 누군지 해석해야 한다. 이건 영원하면서도 끝없이 새롭게 되돌아오는 과제다." 미국 플로리다주립대 심리학과 교수 로이 바우마이스터는 인간이 행복에 만족하지 않고 한사코 의미를 찾는 이유에 대해 "끝없이 변하는 삶 속에서 안정과 지속성을 찾기 위한 시도"라고 설명한다. 다시 말해 삶은 변화인데, 여기엔 변화의 과정을 늦추거나 중지시키려는 부단한 노력이 따르며, 이는 죽을 때까지 계속된다는 것이다. 이 말은 스콧 피츠제럴드의 묘비에도 새겨져 있는 소설 『위대한 개츠비』의 마지막 문장과 닮았다. "우린 흐름을 거슬러 가는 조각배처럼 끝임 없이 과거 속으로 떠밀려 가면서 앞으로 나아간다."

사실은 고대 철학의 출발 지점도 다르지 않았다. 소크라테스는 최고의 지식이 '자신을 아는 것'이라 했지만, 그와 동시에 자신이 아는 유일한 사실은 '나는 모른다는 것'이라고도 했다. 일찌감치 인간 존재의 불확정성과 삶의 아이러니를 꿰뚫어 본 셈이다. 우리는 자신이 어떤 존재인지 묻고 답하면서 개인 차원에서나 종 차원에서나 자신을 함께 만들어 갈 뿐이다.

허망한가? 그렇게 느껴질 수도 있다. 끝 모를 경쟁 속 승자독식의 하늘 아래 각자도생의 늪에서 허우적대는 듯한 개인이라면. 그러나 우리가 어떤 식으로든 연결된 공동체의 일원임을 떠올린다면 같은 곳에서 무한한 가능성을 함께 꿈꿀 수도 있다. 과학적 휴머니즘의 주창자인 핑커는 『지금 다시 계몽』에서 이렇게 답한다. "지혜를 향한 첫걸음은 '우주의 법칙은 당신을 개의치 않는다'는 사실을 깨닫는 것이다. 그다음은 '그렇다고 해서 삶이 무의미하다는 뜻은 아니다'란 사실을 깨닫는 것이다. 왜냐하면 '사람들이' 당신에게 관심을 갖기care about 때문이다." 그 반대도 마찬가지라고 했다. 인간적 감수성을 가진 사람이라면 누구나 당신에게 관심을 갖는다고, 그건 당신의 고통을 그대로 느낀다는 뜻이 아니라 당신이라는 존재가 이 우주에서 중요하고 우리 모두는 우주의 법칙을 토대로 번영을 누릴 조건을 발전시킬 책임이 있다는 뜻에서 그렇다고 했다. 나는 그의 말을 우리는 서로가 서로에게 유일한 희망이라는 뜻으로 이해한다.

나오는 말

기적처럼 밖을 향하는
돌봄을 위하여

눈앞이 밝지 않은 상황에서 희망이 어떻게 가능하겠냐고 묻는다면 희망은 계산된 반응이 아니라고 답하겠다. 대신 가치 있는 것에 주의를 기울이고 힘을 쏟겠다는 결의라고 하겠다. 성패에 연연하지 않는 행동이야말로 희망을 길어 올리는 우물의 마르지 않는 샘이 된다.

이런 말을 하는 내게도 눈앞이 마냥 깜깜했던 때가 있었다. 대학 시절 많은 사람들의 희생과 노력 끝에 우리 사회가 형식적으로나마 민주화를 쟁취하기 직전의 일이었다. 동아리 모임이 밤늦도록 이어지던 끝에 깜박 잠이 든 모양이었다. 깨어 보니 선배 자취방이었다. 물을 마시려고 일어나 방을 둘러보는데, 한구석에 놓인 턴테이블에 이름 모를 가수의 음반이 걸려 있었다. 바늘을 얹자 노래가 흘러나왔다. 가만히 누워 앞뒤 면을 차례로 듣다 마지막 곡의 짤막하고 쉬운 영어 가사에 사로잡혔다.

이제 작별의 인사를 하고 무대를 떠나야 할 때가
되었군요

The time has come for me to take my
bows and leave the stage,

하지만 저는 이제 막 노래를 시작하는 것만 같답니다

But I feel I'm just beginning,

가기 전에 이야기하고픈 것들이 너무너무
많았거든요...

There's so many things I wanna say
before I go...

하지만 돌아와서 다시 노래할게요

But I'll be back, to sing again

여러분을 그 옛날 너른 방들과 또 흘러간 이야기들과

수많았던 사랑의 방식들로 안내할게요

> And I'll lead you through the ancient
> halls and stories of the past and the
> many ways of loving

결국엔 모든 것이 끝난 후 남는 것은 오직 여러분과
저이겠지요

> And when all is said and done there's
> only you and me,

— 크리스 디 버그, 『여러분과 나』You and Me

가수의 공연으로 치면 무대를 떠나야 할 이 순간, 이
노랫말로 마음을 대신하고 싶다. 열두 장을 지나온 이
'돌봄의 읽기'에 관한 긴 이야기도 결국엔 사랑의 한 방
식으로서 읽기를 노래한 것이라고 하면 억지스러울까.
또 한 번 머독의 도움을 길어 오고 싶다. "위대한 예술가
는 공정함과 연민을 담은 눈길로 앞에 놓인 대상을 본다.
그의 주의는 기적처럼 밖을 향한다. 즉 모든 것을 거짓된
일원성으로 환원해 버리는 자아를 떠나 깜짝 놀랄 만큼
다양한 모습을 보여 주는 세계로 향하는 것이다. 그렇게
방향을 돌릴 수 있는 능력이 바로 사랑이다."

읽기와 쓰기는 마음에 사랑의 길을 내고, 길을 들이는 일이라고 생각한다. 우리 마음의 자연 상태는 황무지 같고 정글 같고 미아 같고 야생마 같아서 종잡을 수 없고 걷잡을 수 없을 때가 많다. 그럴 때 읽고 쓴다. 글은 무언의 약속이 되고 척도가 되고 길잡이가 되어 나를 또 우리를 붙들어 세우고 비추고 또 어딘가로 이끈다.

끝으로 감사의 말을 덧붙이고 싶다. 이제는 내 기억 속에만 머무시는 부모님과 당신들이 내 곁에 남겨 주신 우리 형제와 누님들 손에 이 책을 바친다. 기약 없는 책 이야기를 듣고 무조건적인 지지와 응원을 보내 준 북클럽 오리진의 사피들, 어느새 4년째 호흡을 맞추고 있는 『윤고은의 북카페』 관계자와 카페인들, 한 길을 가는 지관서가의 '책 읽는 저녁' 식구들에게도 감사의 말을 전한다. 원고를 읽고 힘을 더해 준 지수에게도. 처음 책을 제안하고 출간에 이르기까지 무한 인내를 보여 준 유유출판사의 조성웅 대표와 볼품없는 원고를 다듬느라 마지막까지 애쓴 편집자 인수 님에게 느끼는 고마움이야 더 말할 게 없다. 지면 관계상 '그밖에'라고 뭉뚱그려 표현할 수밖에 없지만, 그렇게 수식되어서는 결코 안 될 많은 분들이 내가 이런 책을 내기까지 여러 모양의 돌봄을 아낌없이 베풀어 주셨다. 마음 깊이 감사합니다. 받은 선물에 보답하는 길을 가겠습니다.

읽지 못하는 사람의 미래
: 주의 침탈의 시대를 돌파하는 돌봄의 읽기를 위하여

2024년 11월 4일   초판 1쇄 발행

지은이
전병근

펴낸이	**펴낸곳**	**등록**
조성웅	도서출판 유유	제406-2010-000032호(2010년 4월 2일)
	주소	
	경기도 파주시 돌곶이길 180-38, 2층 (우편번호 10881)	

전화	**팩스**	**홈페이지**	**전자우편**
031-946-6869	0303-3444-4645	uupress.co.kr	uupress@gmail.com
	페이스북	**트위터**	**인스타그램**
	facebook.com /uupress	twitter.com /uu_press	instagram.com /uupress
편집	**디자인**	**조판**	**마케팅**
인수, 류현영	이기준	정은정	전민영
제작	**인쇄**	**제책**	**물류**
제이오	(주)민언프린텍	라정문화사	책과일터

ISBN 979-11-6770-105-3 03300